AF532145

Nicole Bröhan

FALSCHE ORIGINALE

ROMAN

Nicole Bröhan

FALSCHE ORIGINALE

GRETE RING UND DER VAN-GOGH-SKANDAL

EDITIONfrölich

„Das Leben lacht. Die Sonne strahlt.
Der tote Vincent malt und malt.“
Alfred Kerr, 1932

17. MÄRZ 1927

Ein Knall zerriss die morgendliche Stille, die Fensterscheibe zitterte. Grete fuhr zusammen, ihr Herz machte einen Sprung. Der Bleistift rutschte ihr aus den Fingern, rollte über das Parkett und verschwand unter ihrem Stuhl. Blinzelnd ließ sie ihren Blick durch den Raum schweifen, bis er am Fenster verweilte. Eine Faust schlug von außen gegen die Scheibe. Im schwachen Schein der Straßenlaternen zeichnete sich die Silhouette einer Gestalt ab, das Gesicht im Schatten verborgen.

Wie fast jeden Morgen saß Grete seit sieben Uhr an ihrem Schreibtisch, in eine wärmende Stola gehüllt. Sie war in ein Schreiben vertieft, das keinen Aufschub duldete. Für die Mittagszeit hatte sich Besuch angekündigt, was ihr Zeitfenster zusätzlich schmälerte.

Ihr Herz klopfte heftig, als sie sich nach dem Bleistift bückte, ohne den Blick vom Fenster zu lösen. Wer war die Person dort draußen? Ihre Stirn legte sich in Falten, ihre Augen verengten sich zu schmalen Schlitzen. Sie grübelte. Konnte das sein? Die Falten gruben sich tiefer in ihre Stirn, als sie das verschattete Gesicht vor dem Panoramafenster der Ladengalerie fixierte. Dann, plötzlich, formten ihre Lippen ein Lächeln – der Groschen fiel. Unter einer fettig glänzenden Schicht verschmierter Schminke erkannte sie den Tänzer wieder, den sie vor einiger Zeit bei einem Empfang in der Galerie Matthiesen kennengelernt hatte. Sie richtete sich auf, fuhr sich durchs Haar und konnte den Blick nicht von ihm abwenden.

„Frau Ring, machen Sie auf", flehte seine Stimme dumpf von draußen. „B-i-t-t-e."

Von einer unsichtbaren Unruhe getrieben, hüpfte der Mann auf der schmutzig-grauen Schneedecke von einem Bein auf das andere. Er fror, rieb sich die klammen Hände und hauchte kleine Wolken in die frostige Luft. Feine Eiskristalle funkelten in seinem dunklen Haar. Er sieht aus wie ein Clown, dachte Grete und erinnerte sich an seine elegante Erscheinung im perfekt sitzenden Maßanzug, damals beim Empfang. Nun trug er über einer löchrigen, schwarzen Strumpfhose eine verrutschte, viel zu kurze, purpurfarbene Hose, dazu ein nachtblaues Seidenhemd mit applizierten goldenen Sternen, dessen Knopfleiste trotz der Kälte bis zur Hüfte offen stand und dunkles Brusthaar freigab. Ein fleckiger, moosgrüner Filzmantel hing locker über seinen Schultern – eine groteske Aufmachung. Ziemlich derangiert, der Gute, befand Grete und senkte den Blick, um ihr eigenes, gepflegtes Äußeres zu prüfen: die Stola, ein schlichtes Wollkleid, rosenholzfarbene Halbschuhe mit farblich passenden Strümpfen.

Damals – es musste Ende September gewesen sein – hatte Franz Catzenstein, der Geschäftsführer der Galerie Matthiesen, sie zur Seite genommen und ihr ins Ohr geflüstert, der Mann wünsche dringend, sie und Walter Feilchenfeldt kennenzulernen. Er plane die Eröffnung einer eigenen Kunsthandlung ganz in ihrer Nähe. Er sucht wohl unsere Gunst, hatte sie gedacht, und möchte es sich mit prominenten Nachbarn nicht verscherzen.

Mit einem Glas Sekt in der Hand hatte der neue Bekannte an jenem Abend selbstbewusst von der baldigen Eröffnung seines Geschäfts gesprochen. Und tatsächlich blieb es nicht bei bloßen Worten: Keine sechs Wochen später erreichte sie die Einladung zur Eröffnung seiner Verkaufsräume. Überraschung mischte sich mit einem Anflug von Befremden – schließlich hatten ihr Kollege Walter Feilchenfeldt und sie seine vollmundige Ankündigung kaum für bare Münze gehalten. Erstaunt nahmen sie zur Kenntnis, dass der Quereinsteiger tatsächlich kostspielige Räumlichkeiten im imposanten Haus Exzellenz hatte umbauen lassen, jenem Prachtbau in der Viktoriastraße 10, nur wenige Schritte von der Kunsthandlung Paul Cassirer entfernt, entworfen vom Hofarchitekten Ernst von Ihne. Die Einweihung sollte mit einem festlichen Empfang begangen werden. Der in der Einladung genannte Firmenname „Kunsthandlung Otto Wacker“ hatte zunächst für Irritation gesorgt – klang er doch nüchtern deutsch, beinahe provinziell, während sich der Mann damals mit einem Namen vorgestellt hatte, der fremdländisch und nicht alltäglich klang. Grete versuchte vergeblich, sich an diesen Namen zu erinnern, während sie ihn durch die Scheibe beobachtete. Letztlich spielte das keine Rolle: In der Kunstszene munkelte man, sein bürgerlicher Name sei tatsächlich Otto Wacker.

Seit dem Tag der Eröffnung umwehte den Junggaleristen ein Hauch von Rätselhaftigkeit, der unter seinen Kollegen bald Anlass zu allerlei Spekulationen gab. Zotige Bemerkungen über seine zweifelhafte Vergangenheit machten die Runde, ebenso spitze Andeutungen zu seinen sexuellen Präferenzen. Manch einer beneidete ihn insgeheim um sein gutes Aussehen und seinen stilsicheren Geschmack bei gesellschaftlichen Anlässen, ohne es offen auszusprechen. Warum er sich ausgerechnet für den Kunsthandel entschieden hatte, konnte sich jedoch niemand erklären. Dass sich ein unbeschriebenes Blatt wie er als Quereinsteiger in dieser knallharten Branche behaupten wollte, irritierte – und verlieh ihm und seinem Vorhaben eine geheimnisvolle Aura. Schließlich war der Mann weder vom Fach, wie er am Abend bei Matthiesen freimütig eingestanden hatte, noch wirkte er besonders solvent oder kompetent. Vielmehr war er ein klassisch ausgebildeter Tänzer mit dem Schwerpunkt Ausdruckstanz.

Feilchenfeldt hatte es sich nicht nehmen lassen, am Eröffnungsabend der Galerie mit seiner Freundin Marianne zu erscheinen. Grete glaubte, sich zu erinnern, dass es der 16. Oktober gewesen sein musste – sie war wegen eines kleinen Eingriffs beim Frauenarzt verhindert gewesen und hatte sich geärgert, nicht dabei sein zu können. Hinterher schwärmte das Feilchen, wie sie ihren Kollegen liebevoll zu nennen pflegte, vom großzügigen Marmortreppenhaus und von der opulent ausgestatteten Beletage mit ausgeklügelter Deckenbeleuchtung, farbenfrohen, französischen Stofftapeten und ausgewählten Bugholzmöbeln. Feilchenfeldt, der Extravaganzen gewohnt war, hatte nach dem Abend fast ein wenig neidisch geklungen, als er über die noble Ausstattung des neuen Nachbarn und Kollegen sprach. Gretes Meinung nach gab es dafür keinen Grund. Die Räumlichkeiten der Kunsthandlung Paul Cassirer standen dem guten Geschmack Otto Wackers in nichts nach. Dank des untrüglichen Gespürs ihres verstorbenen Chefs war die Inneneinrichtung schlicht und modern gehalten. Henry van de Velde, der vielseitige Universalkünstler, hatte vor Jahren die Geschäftsräume für seinen Freund und Förderer entworfen und damit für eine funktionale Vorbildlichkeit gesorgt, die Bewunderung hervorrief und noch immer als stilbildend galt. Gelegentlich erschienen ungebetene Besucher, in der Regel Architekturstudenten, die dreist zur Tür hereinspazierten, neugierig einen Blick auf das Interieur der Verkaufsräume warfen und ohne ein Wort der Erklärung wieder verschwanden. Auch für Grete war der Anblick der organisch geschwungenen Formen der Tische und Stühle aus afrikanischem Padoukholz ein Genuss. Sie konnte sich der hypnotischen Anziehungskraft der mächtigen Messingdeckenlüster nicht entziehen, deren elektrische Beleuchtung in schwebenden abstrakt-plastischen Gebilden eine faszinierende Verbindung von Ästhetik und Fortschritt schuf.

Grete erhob sich von der geflochtenen Stuhlfläche, ohne zu bemerken, dass die Stola von ihren Schultern glitt. Sie lief zur Haustür, drehte den Schlüssel nach rechts und drückte die gusseiserne Klinke mit einem Ruck nach unten. Der kostümierte Tänzer stolperte eilig in den warmen Raum, riss sich den Mantel vom Leib und warf ihn mit Schwung auf einen in der Nähe stehenden Hocker. Sie beobachtete, wie er seine roten, steifgefrorenen Hände gegen die Hose klopfte, in die Handflächen blies und sie gegeneinander rieb, als wolle er Feuer machen. Seine Aufmachung und sein überraschendes Auftauchen boten reichlich Stoff für Mutmaßungen, und sie war neugierig, wie er sein unkonventionelles Auftreten rechtfertigen würde.

„Bitte, fühlen Sie sich frei, mich von allen Seiten zu betrachten", sagte er schließlich, als er bemerkte, dass sie ihn anstarrte wie einen orientalischen Prinzen. Wirkungsvoll und irgendwie provozierend, wie Grete fand, drehte er sich mit erhobenen Armen einmal um die eigene Achse, als wäre er ein Zirkustier. Neben seiner extravaganten Kleidung fiel ihr nun auch das Lallen in seiner Stimme auf, dass ihr zuvor – durch die dicke Glasscheibe – entgangen war. Ein stechender, essigartiger Geruch, der unmissverständlich auf übermäßigen Alkoholkonsum hinwies, ging von ihm aus. Reflexartig wich sie zurück, als der Geruch in ihre Nase stieg, hob die Stola auf und ließ sich auf ihren Schreibtischstuhl zurückfallen.

„Darf ich Ihnen versichern, dass ich nicht zum Vergnügen in diesem Aufzug vor Ihnen stehe. Ich komme direkt aus dem Kakadu", erklärte Wacker ohne jede Verlegenheit. „Die halbe Nacht habe ich in Bars verbracht, mich von Fremden einladen lassen, das ein oder andere Tänzchen absolviert, Konversation betrieben, gescherzt und geflirtet, nur um meine Einkünfte aufzubessern." Er lachte gequält auf. „Wenn die Herren wüssten, dass ich fest liiert bin, nie mit jemandem nach Hause gehe, wären sie bestimmt nicht so begeistert von mir ..." Er strich mit der Hand über seine verschmierte linke Wange und wischte sie anschließend an seiner Hose ab. „Sie müssen wissen: Einige Herren aus der Provinz finden es ungemein aufregend, die Nacht mit einem Künstler zu verbringen."

Wacker verdrehte die Augen. „So etwas gibt's dort nicht. Dafür reisen sie extra nach Berlin und lassen sich das Vergnügen einiges kosten. Hier, in der sündigen Hauptstadt, geben sie sich ungeniert, fühlen sich unbeobachtet und leben sich aus. Das bringt Farbe in ihren grauen Alltag. Den Frauen zu Hause erzählen sie dann Geschichten von wichtigen Geschäftsreisen ..." Wacker hielt inne, seufzte und blickte Grete ernst ins Gesicht. „Haben Sie eine Vorstellung davon, wie mühsam das Geld im Nachtleben verdient wird? Vor allem, wenn man nicht mehr zwanzig ist." Grete reagierte nicht und fragte sich, was der Mann zur frühen Stunde von ihr wollte.

Er neigte den Oberkörper nach vorn und betrachtete kritisch seine Kleidung. Im Zeitlupentempo knöpfte er das pludrige Hemd zu und steckte es in den Hosenbund.

Plötzlich sagte er mit fester, fast überdeutlicher Stimme: „Ich will endlich genug Bilder verkaufen, um mit den nächtlichen Unternehmungen Schluss zu machen." Die Klarheit seiner Worte überraschte Grete und ließ sie aufhorchen.

„Im Moment ist allerdings daran noch nicht zu denken", fuhr er fort. „Ich stehe erst am Anfang meines Händlerdaseins. Die Geschäfte laufen schleppend an – zäh und viel zu langsam, wenn Sie mich fragen. Deshalb bin ich gezwungen, beide Tätigkeiten gleichzeitig auszuüben. Das ist keine Dauerlösung, sage ich Ihnen – es geht an die Substanz."

Er seufzte. „Zu wenig Schlaf, zu viel Alkohol."

Grete hörte ihm zu, aber innerlich begann sie, sich abzuwenden. Dieses theatralische Gerede, seine dramatische Selbstinszenierung – sie fand es übertrieben, beinahe lächerlich. Sein Selbstmitleid ging ihr auf die Nerven. Sie kannte diesen Ton: Männer, die litten, um wichtig zu wirken.

Noch während sie innerlich die Augen verdrehte, wandelte sich sein Ton. Die Überheblichkeit wich, und für einen kurzen Augenblick war da etwas Echtes. „Gnädigste", sagte er leise. „Darf ich ehrlich zu Ihnen sein?"

Sie nickte, blieb aber stumm.

„Ich benötige Ihre Hilfe. Deshalb bin ich hier. Die Hoffnung auf Unterstützung führt mich zu Ihnen." Er holte tief Luft, stellte sich direkt vor den Schreibtisch und schlug die Augen unterwürfig nach unten, als müsse er sich überwinden, Gewagtes auszusprechen. „Haben Sie von meinen Verbindungen in die Schweiz gehört?"

Grete schüttelte den Kopf.

„Die Buschtrommeln halten mit Halbwissen selten hinterm Berg, wie ich aus eigener Erfahrung weiß", ergänzte Wacker.

Instinktiv starrte sie ihn an, sah, wie er vor sich hinlächelte, und wusste nicht, was sie davon halten sollte. Ihr Magen knurrte, sie hatte Hunger und wurde allmählich ungeduldig. Was wollte er hier? Seine Andeutungen waren verwirrend. Woher rührte diese Vertraulichkeit? Schließlich kannten sie sich nur flüchtig aus dem gesellschaftlichen Umfeld. Warum wandte er sich mit seinem Anliegen ausgerechnet an sie?

„Mein Auftraggeber ist ein Russe, der in der Schweiz lebt und derzeit in finanziellen Schwierigkeiten steckt", ergänzte er. „Vermutlich drücken ihn Spielschulden. Vielleicht sind es auch Wettschulden, oder er leistet sich eine teure Geliebte. Was weiß ich, er hat es mir nicht erzählt." Verlegen kratzte er sich hinter dem Ohr und blickte zu Boden.

Grete schätzte ihn auf etwa fünfunddreißig Jahre. Noch trug er volles, schwarzes Haar und hatte ein faltenfreies, schmales Gesicht ohne Doppelkinn oder Pausbacken. Sie räusperte sich und überlegte, wie sie den unerwünschten Gast, dessen Alkoholfahne schwer im Raum hing, höflich loswerden könnte, um endlich mit der Arbeit fortzufahren.

„Jedenfalls hat er mich vor einiger Zeit gebeten", fuhr er fort, „eine größere Anzahl von Van-Gogh-Gemälden in seinem Auftrag zu veräußern. Peu à peu – ein Bild nach dem anderen, im Abstand von ein paar Wochen. Sein Vertrauen in mich war der Startschuss für meinen Einstieg in den Kunsthandel, den ich ohne ihn nie so gut hinbekommen hätte."

Wacker schilderte, wie der Mann hochkarätige Gemälde geerbt hatte, jedoch kein echtes Interesse an Kunst zeigte. Er räusperte sich und führte weiter aus, dass man sich solches Glück wirklich wünschen müsse. Es handelte sich um fünfunddreißig Gemälde und mehrere Zeichnungen des holländischen Meisters. Bisher waren ihre Geschäfte stets reibungslos verlaufen, sowohl für den Verkäufer als auch für ihn als Vermittler. Wacker betonte, dass er stets vorsichtig und diskret vorging, um kein Aufsehen zu erregen. Der Mann hatte schließlich keine Genehmigung, die Bilder aus Russland auszuführen. Zudem gab es neidische Familienmitglieder im Hintergrund, die nicht erfahren durften, dass er die Werke veräußerte.

„Ist das der Grund, warum Sie keinen Namen nennen?“

„Richtig. Mein Auftraggeber befürchtet blutige Repressalien und möchte die öffentliche Aufmerksamkeit vermeiden.“

Gegen ihren Willen ertappte sich Grete dabei, seinen Ausführungen interessiert zu lauschen.

„Diesmal bietet mir der Russe vier Van-Gogh-Gemälde auf einmal an, außerdem sechs Zeichnungen und zwei Aquarelle. Diese Dimension ist neu. Sein Vertrauen in mich scheint gewachsen zu sein. Seine finanzielle Not ist groß, wie er mir gegenüber andeutete, und bringt ihn in eine Zwangslage. Auf jeden Fall ist sein Angebot eine einmalige Chance für mich. Ich hoffe, auf diese Weise in den Genuss einer kräftigen Finanzspritze zu gelangen, die ich benötige, um meine strapazierten Beine in den Vorruhestand zu befördern und ausschließlich im Kunsthandel tätig sein zu können.“

Er lächelte Grete erneut an. „Jetzt kommen Sie ins Spiel! Mir schwebt etwas Großes vor.“ Er zog ein fleckiges Schnupftuch aus der Manteltasche, tupfte sich das Gesicht ab und steckte es wieder ein. „Ich habe mir überlegt, eine Verkaufsausstellung mit Aquarellen und Zeichnungen in meinen Räumen zu veranstalten. Und Ihrer Galerie möchte ich anbieten“, er sog hörbar die Luft durch die Nase ein und sprach hastig weiter, als wolle er die Worte so schnell wie möglich hinter sich bringen, „parallel dazu eine Gemäldeschau mit den vier verkäuflichen Schweizer Werken und einigen Leihgaben aus Berliner Privatbesitz auszurichten.“

Grete holte tief Luft, kam aber nicht dazu, etwas zu sagen, da er ungerührt weitersprach.

„Die Doppelausstellung sollte wie eine Bombe einschlagen, meinen Sie nicht auch? Sie wissen so gut wie ich, wie beliebt der holländische Meister ist. Der Erfolg ist garantiert, Umsatz prognostiziert. Und bedenken Sie nur das Renommee, das eine Van-Gogh-

Ausstellung mit sich bringen würde! Die Berliner verehren van Gogh – sie würden in Scharen strömen. Das wäre doch ganz im Sinne Paul Cassirers, der sich stets mit besonderem Engagement für van Gogh eingesetzt hat“, argumentierte er. Leider fühle er sich als Neuling in der Branche noch nicht ausreichend etabliert, um sich allein an ein Projekt dieser Größe zu wagen – dafür wäre es zu früh, sein Kundenstamm noch klein. Im Gegensatz zum etablierten Kunstsalon Cassirer verfüge er weder über bedeutende Kontakte zu Sammlern noch zu solventen Käufern mit prallen Geldbeuteln.

Er schluckte hörbar, befeuchtete die Lippen mit der Zunge und fügte hinzu: „Was halten Sie von meiner Idee? Zusätzliche Leihgaben von charakteristischem Gepräge, um eine repräsentative Ausstellung zu gestalten, sollten wir durch Kontakte zusammenbekommen. Damit verleihen wir der Ausstellung zusätzlichen Glanz, sorgen für einen attraktiven Rahmen und locken die Besucher. Ich darf Ihnen versichern: Der Aufwand wird nicht zu Ihrem Schaden sein. Über die Konditionen werden wir uns bestimmt einig.“

Grete, die Wackers Monolog geduldig ertragen hatte und zur frühen Stunde eher mit einem lockeren Geplänkel als mit einer ernsthaften Geschäftsofferte gerechnet hatte, blickte skeptisch in sein erwartungsvolles Gesicht.

„Ihr Anliegen kommt sehr überraschend, werter Herr Wacker.“

Der Angesprochene trippelte unruhig auf der Stelle und schien sich nur mit Mühe beherrschen zu können, seine juckende Haut unter der dicken Schminkschicht nicht zu berühren.

„Wie Sie vermutlich wissen, bin ich nicht allein für die Geschäfte bei Cassirer verantwortlich, sondern seit den tragischen Ereignissen im letzten Jahr gemeinsam mit meinem Kollegen Walter Feilchenfeldt. Zunächst muss ich mit ihm sprechen, wenn Sie es mit Ihrem Vorschlag ernst meinen.“

Sie blickte ihn prüfend an und glaubte, eine leichte Verärgerung zu erkennen.

„Mein Kollege ist selbstverständlich zu informieren. Wir treffen wichtige Entscheidungen stets gemeinsam und ausschließlich im Sinne der Cassirerschen Geschäftspolitik. Sie verstehen das sicher. Verzeihen Sie meine Offenheit, aber darf ich fragen, weshalb Ihre Schweizer Quelle ausgerechnet Sie, einen völligen Neuling im Kunsthandel, mit dem Verkauf solcher Spitzenwerke betraut? Warum schaltet er nicht ein renommiertes Auktionshaus ein oder nimmt einen erfahrenen Galeristen unter Vertrag statt einen Quereinsteiger wie Sie? In der Schweiz soll es den einen oder anderen geschäftstüchtigen Kollegen geben, der Erfahrung hat", sagte sie spitz und versuchte sein verächtliches Schnauben zu überhören. „Darf ich Sie vorsorglich darauf hinweisen, da ich nicht weiß, wie weit Sie mit den Gepflogenheiten der Branche vertraut sind, dass wir die Qualität und den Zustand der Werke im Falle einer Zusammenarbeit begutachten müssten, einen lückenlosen Herkunftsnachweis bräuchten und die Expertise eines externen Gutachters benötigen. Keiner unserer Mitarbeiter ist Van-Gogh-Spezialist, auch ich nicht. Nur unser verstorbener Chef war es. Wenn uns aus unbekannten Quellen Bilder angeboten werden, bedarf es stets der sorgfältigen Prüfung. Bitte verstehen Sie mich nicht falsch, aber so lautet nun einmal ein Grundsatz unserer Geschäftspolitik."

Otto Wacker, der schräg gegenüber von Grete auf einem gepolsterten Sessel Platz genommen hatte und die Beine der Länge nach ausstreckte, wirkte auf einmal erschöpft und schläfrig. Mit den Fingern trommelte er lustlos auf der hölzernen Lehne herum. Auf seiner Stirn glänzten feine Schweißperlen. Grete hoffte im Stillen, kein einziger Tropfen möge das Stoffpolster beflecken – allein die Vorstellung von menschlichen Ausdünstungen auf dem zarten Seidenmischgewebe ließ sie innerlich erschauern. Eindringlich schaute sie den ungebetenen Gast mit festem Blick an und hoffte, ihn dadurch zum Gehen zu bewegen. Doch Otto Wacker blieb sitzen, machte keine Anstalten aufzustehen. Wollte er die Zeichen nicht erkennen? Ob ihre ernüchternden Worte ihn ärgerten und der Gedanke aufkeimte, an die falsche Adresse geraten zu sein? Unbewusst lehnte sie sich auf dem Stuhl zurück und versuchte, seinen eingefrorenen Gesichtsausdruck zu interpretieren.

„Unsere Vorsichtsmaßnahmen sollten auch in Ihrem Interesse sein", fügte sie an, da er mit den Gedanken in anderen Welten zu sein schien. „Dass sich ein betuchter Privatmann von mehreren Gemälden dieses Kalibers gleichzeitig trennt, ist ungewöhnlich. Da schellen bei mir die Alarmglocken, wenn ich so etwas höre. Man möchte den Grund des Verkaufs erfahren – einfach, um sicherzugehen, dass alles seine Ordnung hat."

Vincent van Gogh hatte sich längst zu einem Mythos entwickelt. Seine Werke waren rar und begehrt, der Markt war erschöpft, während die Nachfrage unstillbar blieb. Es konnte sogar von einer Van-Gogh-Hysterie gesprochen werden, und viele vermuteten, dass er derzeit als der teuerste Maler gehandelt wurde.

Grete Ring hüstelte und erklärte in strengem Ton: „Darf ich darauf hinweisen, dass die Kunsthandlung Paul Cassirer einen Ruf zu verlieren hat. Einen hervorragenden! Den möchten wir nicht leichtfertig aufs Spiel setzen. Unser Kunstsalon muss sich absichern und vor Betrügern schützen." Sie hüstelte wieder, zog die Stola über die Schultern. Sie war überzeugt, dass Investitionen in Werke van Goghs verlässlicher seien als Anlagen in Wertpapiere oder bestimmte Immobilien. Umso bedauerlicher war es, dass der Maler selbst seine Erfolge nicht mehr erleben konnte. Spätestens seit Julius Meier-Graefes Monografie war van Goghs Ruhm bis in die Wohnzimmer entlegener Ostseeinseln gedrungen. Viele Menschen waren verrückt nach seinen Bildern.

Es war erstaunlich, dass es in Deutschland mehr Van-Gogh-Sammler gab als in seinem Heimatland. Selbst die kleinsten Skizzen aus seiner Hand waren heiß begehrt und fanden reißenden Absatz. Bei Cassirer gab es eine Warteliste mit Kaufinteressenten, und Grete Ring vermutete, dass es anderen Kunsthandlungen ähnlich ging. Sie konnte sich ehrlich gesagt nicht erinnern, wann zuletzt ein Van-Gogh-Gemälde angeboten worden war. Allerdings war sie auch noch nicht besonders lange bei Cassirer tätig.

Mit einem Hauch von Ironie in der Stimme fügte sie hinzu: „Um Ihre ausgezeichneten Verbindungen in die Schweiz sind Sie zu beneiden."

Wacker, der mittlerweile schlaff im Sessel hing, wirkte mit seinem düsteren Gesichtsausdruck wenig begeistert von ihren Worten und erwiderte nichts. Vermutlich hatte er mit mehr Enthusiasmus für sein Angebot gerechnet oder war über die unerwarteten Auflagen verstimmt.

„Übrigens" sagte Grete Ring, „weiß auch ich, dass im Kunsthandel das eine oder andere Geschäft bei Nacht an der Theke einer Kneipe oder in einem Tanzlokal abgeschlossen wird. Meine Kollegen könnten davon ein Lied singen. Doch als Frau bin ich in solchen Fällen unerwünscht. Die Herren bleiben lieber unter sich, wenn sie in der Mulackritze oder im Nußbaum am Tresen sitzen. Vermutlich fürchten sie weibliche Indiskretion – oder sie fühlen sich beobachtet, sobald es um Dinge jenseits des Geschäftlichen geht."

Sie verzog den Mund und stieß spitz hervor: „Ich bin der Meinung, lieber Herr Wacker, das Füllhorn der Fortuna ist Ihnen gewogen. Ihre Geschäfte laufen glänzend an, wie ich von Kollegen hörte. Die erste Ausstellung soll ein voller Erfolg gewesen sein – was wollen Sie mehr?"

Grete sah ihn gähnen und fürchtete, er würde einschlafen. „Seien Sie realistisch. Geduld ist nötig, wenn Sie sich ein idyllisches Plätzchen im Tessin oder an der Côte d'Azur zulegen möchten, um Ihre geschundenen Beine den lieben langen Tag auf einem Liegestuhl der Sonne entgegenstrecken zu können."

Sie richtete sich auf, straffte die Schultern – und traf eine Entscheidung. Ohne jede Vorwarnung entfuhr ihr eine Frage, die ihr schon die ganze Zeit auf der Zunge brannte: „Wie haben Sie eigentlich die Finanzierung Ihrer Galerie auf die Beine gestellt?"

Zehn Minuten später war Otto Wacker verschwunden. Den Mantel bis zum Hals zugeknöpft, die Schultern eingefallen. Fast fluchtartig hatte er den Raum verlassen, ehe die schwere Ladentür krachend ins Schloss fiel. Kein Blick zurück, kein Zögern. Nur ein knapper Abschiedsgruß, mechanisch, wie abgespult. Ein Abgang, der mehr im Dunkeln ließ als erhellte. Wenigstens war er gegangen. Endlich.

Grete hatte ihm noch einen Satz hinterhergerufen, den er durch die Scheibe nicht mehr hören konnte: „Ich danke Ihnen für Ihr Vertrauen und das großzügige Angebot. Wir melden uns in den nächsten Tagen!“ Man verabschiedete sich nicht unhöflich, auch nicht von jemandem wie Wacker, war sie der Meinung. Selbstachtung, das war es, was zählte. Disziplin. Vor allem vor dem eigenen Spiegelbild.

Glaubwürdig war das nicht, was er noch erzählt hatte, als er die Frage nach dem Startkapital für seine Galerie beantwortet hatte. Von bescheidener Lebensweise hatte er gemurmelt, von einem kleinen Erbe. Und den angeblichen Erlös aus dem letzten van Gogh ins Spiel gebracht. Er hatte sie dabei nicht einmal angesehen. Warum? Weil er wusste, dass es eine Lüge war? Weil er Angst hatte, dass sie es merken würde? Sie hatte nichts gesagt. Kein Nachhaken. Kein Stirnrunzeln. Nichts, was er hätte deuten können. Aber die Zweifel und das Misstrauen blieben.

Wieder allein in den weitläufigen, stillen Räumen der Galerie überkam sie ein plötzlicher, beinahe zorniger Drang nach Bewegung. Sie sprang vom Stuhl, warf die Arme in die Höhe und ließ sie in weiten Kreisen rotieren, als müsse die Spannung, die sich in der Begegnung unmerklich in ihre Muskeln geschlichen hatte, aus ihrem Körper weichen.

Nur ihr Gesicht blieb ruhig. Kein Zucken, kein Grollen. Ihre Augen blitzten – innerlich arbeitete es in ihr. Sie wusste, dass Männer wie Wacker, deren Selbstwert unerschütterlich war, nicht auf Worte reagierten, die sie nicht hören wollten. Kritik und Appelle glitten an ihnen ab, wirkungslos, als stieße man auf eine unsichtbare, unbezwingbare Wand. Ihnen begegnete man nicht mit Argumenten, sondern mit Haltung – unbeirrbar, unbeeindruckt und ohne sich selbst dabei zu verlieren. Daran war sie gewöhnt. Das hatte sie bereits im Studium erlebt, als eine der wenigen Frauen in ihrem Fachbereich.

An konzentriertes Arbeiten war nun nicht mehr zu denken. Zu aufgewühlt war sie, zu sehr aus der vertrauten Routine gerissen. Sie ließ die Arme fallen, ging in die Hocke, machte ein paar Dehnübungen. Der frühe Besuch ließ sie nicht los. Diese unkonventionelle Erscheinung ließ sie innehalten. Und plötzlich wurde ihr bewusst, welch ein Glück sie selbst mit ihrem Weg gehabt hatte.

Otto Wacker war Tänzer geworden – ein Beruf, der Disziplin, Ausdruckskraft und Körperbeherrschung verlangte, aber keinerlei Sicherheit bot. Sein späterer Weg in den Kunsthandel mochte von familiären Einflüssen und einem feinen Gespür für Ästhetik getragen gewesen sein, doch über eine fundierte akademische Ausbildung verfügte er nicht.

Sie hingegen stand auf einem soliden Fundament. Ihr Studium der Kunstgeschichte hatte ihr weit mehr eingebracht als reines Fachwissen – es hatte ihr Ansehen verliehen und sie in die Lage versetzt, finanziell für sich selbst zu sorgen. Ihre Qualifikationen hatten sie dorthin geführt, wo sie nun war: unabhängig, sicher auf eigenen Beinen, frei von der Erwartung, sich auf einen Ehemann oder familiäre Fürsorge verlassen zu müssen. Was sie wusste, entstammte keinem Hörensagen. Ihr weitgespanntes, kunsthistorisches Wissen hatte sie sich ehrlich erarbeitet, genährt von Ehrgeiz und echtem Interesse. Und schließlich war da auch die Unterstützung ihres Vaters, der ihr ein konzentriertes Studium unbeschwert von existenziellen Sorgen ermöglicht hatte.

Gretes Gedanken wanderten zu Wackers Anliegen zurück. Doch sie ließen sich nicht halten, nicht bündeln, nicht ordnen. Sie rieselten durch ihren Kopf wie Sand, während der Blick durch den Raum schweifte – über die feldgrauen, mit Samt bespannten Wände zu den hohen Fenstern, die das Licht weich dämpften und eine Atmosphäre stiller Eleganz erzeugten, unaufdringlich und geschmackvoll zugleich. Sie wusste, was dieser Raum ausstrahlte. Wusste, warum Wacker gerade hier erschienen war – nicht bei Thannhauser, nicht bei Keller & Reiner. Keine der konkurrierenden Galerien reichte an die Noblesse dieser beiden Stockwerke heran, an die Helligkeit der Oberlichtsäle, an das feine Gespür für Inszenierung. Der Kunstsalon Paul Cassirer war – trotz aller Umbrüche – geblieben, was er war: die erste Adresse. Nicht nur für Kenner, auch für Neugierige und Interessierte, für jene, die mehr in der Kunst suchten als dekoratives Beiwerk.

Cassirer hatte nie Schwellen aufgebaut. Er hatte sie eingerissen. Grete erinnerte sich daran, wie er immer wieder betont hatte, dass Kunst allen offenstehen müsse – quer durch das bunte Geflecht der Gesellschaft. Und wie er es geschafft hatte, das auch zu verkörpern: mit Verkaufsausstellungen, Auktionen, einer Sprache, die nicht ausgrenzte. Die Tür war offen gewesen. Für alle, die den Mut hatten einzutreten.

Seit Cassirers Tod versuchten Feilchenfeldt und sie, diesen Geist zu bewahren. Doch ob es gelingen würde – wer konnte das schon sagen? Noch lebte man vom Nachhall, vom Ruf, vom Echo einer Haltung, die nicht kopierbar war.

Sie spürte es plötzlich körperlich: eine Schwere, die sich langsam auf die Schultern legte, in ihre Glieder eindrang, als habe sich die Luft verdichtet. Erinnerung schleicht sich nicht an – sie fällt mit voller Wucht über einen.

Grete ließ sich auf den Stuhl sinken, ihr Atem war flacher geworden, der Nacken spannte, der Kopf fiel zurück. Warum, Paul? Warum dieser Schritt – so endgültig, so brutal? Was war es, das ihn an den Rand geführt hatte? Die Tragödie kehrte zu ihr zurück wie zu einem Traum, der immer wieder auftauchte.

Cassirer! Schon der Name löste etwas in ihr aus: Respekt. Dankbarkeit. Und diese leise, nagende Wehmut, die sich schwer benennen ließ.

Er war ein Pionier gewesen, ein Wegbegleiter der Moderne. Zwei Jahre vor der Jahrhundertwende hatte er diesen Salon gemeinsam mit seinem Cousin Bruno gegründet – in einer Zeit, in der Cézanne noch verlacht wurde, Manet als Gefahr und van Gogh als Wahnsinniger galt. Er hatte sie gezeigt, alle. Die „Dreckskünstler", wie der Kaiser sie nannte – trotzig, entschieden, ohne Rücksicht auf Hofetikette oder Zeitgeist.

Cassirer wollte nicht gefallen. Er wollte bewegen. Er suchte nicht den Applaus, sondern das Neue, den Riss im Denken der Gesellschaft, durch seinen Glauben daran, dass Kunst mehr sein konnte als dekorativer Besitz. Grete erinnerte sich an ihn als einen leidenschaftlichen Menschen, aber nicht nur. Er konnte auch ungeduldig sein, mitunter sogar schroff. Voller Zweifel, die er hinter Ironie verbarg. Doch wenn es um Kunst ging, war er klar. Ein Überzeugungstäter im Gewand des Galeristen.

Die Geschichten über ihn waren bis heute nicht verstummt. Die Van-Gogh-Schau – über einhundertundfünfzig Werke, damals, vor dem Krieg. Ein Moment, der alles veränderte. Wie elektrisiert stand ganz Berlin vor den Bildern, die in ihrer Glut und Neuartigkeit von einer anderen Welt zu sprechen schienen.

Und später: Pissarro, Renoir, Corinth, Beckmann – große Namen, große Ausstellungen. Doch van Gogh überstrahlte sie alle. Kein anderer hatte die Menschen so bewegt, so erschüttert, so aufgewühlt zurückgelassen.

Der Sommer 1914: heiß, unheilvoll, flirrend. Die Schau: ein letztes Leuchten, bevor die Welt sich verfinsterte. Manch einer erinnerte sich später daran, als wäre dieser Sommer ein Augenblick gewesen, in dem die Zeit den Atem anhielt.

Grete meinte Cassirers Bitterkeit noch heute zu spüren, wie einen scharfen Nachgeschmack. Denn das, was Wilhelm als „Rinnsteinkunst" verhöhnte – die leuchtenden Farben Cézannes, die seelischen Abgründe Munchs –, war für ihn Ausdruck einer Haltung.

Und sie erinnerte sich auch an das andere. An den Schmerz der Zurückweisung. Der Hof unnahbar, der Kaiser blind für das, was Cassirer sah. Diese Türen blieben ihm verschlossen. Und irgendwann hatte er aufgehört, dort überhaupt noch anzuklopfen. Eine Kapitulation. Resignation. Leise, aber tief. Die älteren Kollegen hatten erzählt, wie sehr ihn das getroffen hatte. Wie sehr es in ihm gearbeitet hatte. Grete spürte jetzt, im Nachhinein, was er nie ausgesprochen hatte: dass keiner ohne Schaden gegen Mauern läuft, dass auch Überzeugung Risse bekommt, wenn sie zu oft abprallt. Und vielleicht war es das gewesen, was ihn schließlich gebrochen hatte und dünnhäutig hatte werden lassen. Nicht ein einziger Moment, sondern ein langer, schleichender Abschied. Nicht ein Sturz, sondern ein langsames Sinken. Grete blieb sitzen. Der Raum um sie herum war noch immer derselbe. Doch in ihr hatte sich etwas verschoben. Etwas war in Bewegung geraten, leise und kaum greifbar, wie das erste Zittern eines aufkommenden Sturms. Die Möbel standen unverändert an ihrem Platz, das Licht fiel in demselben Winkel durch das Fenster – und doch wirkte alles andersartig, als hätte sich die Welt unbemerkt weitergedreht, während sie für einen Moment stillgestanden hatte.

Keine zwei Stunden, nachdem der ungebetene Gast verschwunden war, betrat Walter Feilchenfeldt die Kunsthandlung. Grete hatte ungeduldig auf ihren Kollegen gewartet.

Natürlich kam er im gewohnten Trott. Frisch gefrühstückt, vielleicht sogar mit der Zeitungslektüre im Kopf und einem zweiten Kaffee im Bauch, während sie sich seit sieben Uhr durch die Post arbeitete – ohne etwas im Magen, aber mit einem klaren Kopf.

Sie liebte diese frühen Stunden, wenn das Geschäft noch in Schweigen gehüllt war, draußen die Stadt langsam erwachte und die Gedanken sich sortierten. Es war die beste Zeit für konzentriertes Arbeiten, für präzise Formulierungen in Briefen, für das reibungslose Abarbeiten heikler Kundengesuche, bevor der tägliche Trubel begann.

Walter hingegen sah das anders. Für ihn begann der Tag, wenn es ihm passte – und das war selten vor zehn Uhr. Grete hatte sich längst daran gewöhnt, aber an manchen Tagen, wie heute, konnte sie sich ein leises Kopfschütteln nicht verkneifen.

Ein bisschen beneidete sie ihn um seine innere Ruhe. Um dieses stille Selbstverständnis, mit dem er sich in der Welt bewegte, ohne sich jemals zu rechtfertigen. Aber es ärgerte sie auch. Vor allem dann, wenn es brannte und sie das Gefühl hatte, alles allein zusammenhalten zu müssen.

Als Feilchenfeldt im Wintermantel vor ihrem Schreibtisch stand, sprudelten die Worte aus ihr heraus – hastig, fast atemlos, als müsse sie sich rechtfertigen, bevor er etwas sagen konnte.

„Sehr ambitioniert, dieser Otto Wacker", bemerkte Feilchenfeldt trocken, nachdem sie von Wackers großzügigem Angebot berichtet hatte. Er runzelte die Stirn und nestelte am Gürtel seines Mantels. Er wirkte überrascht, ähnlich wie sie selbst noch vor wenigen Stunden.

„Der Mann muss über prächtige Kontakte verfügen, dieser Amateurhändler", murmelte er. „Abenteuerlich klingt das Ganze. Findest du nicht auch? Etwas dubios. Wir kennen ihn ja kaum." Grete nickte, doch innerlich wehrte sie sich gegen das schnelle Urteil. Da war mehr an Wacker, etwas, das sie nicht einfach greifen konnte.

„Wusstest du, dass er mit seinem biegsamen, wandelbaren Körper als spanischer Tänzer für Furore sorgt?" Feilchenfeldt senkte die Stimme und fügte betont beiläufig hinzu: „Dem männlichen Geschlecht zugeneigt soll er sein. Man habe ihn in einschlägigen Etablissements gesehen. In recht eindeutigen Posen ..."

Er grinste breit. Breit und selbstzufrieden.

Grete verzog das Gesicht, als hätte sie in eine Zitrone gebissen. Was war das? Spott? Bösartigkeit? Tratsch? Sie konnte es nicht einordnen, doch ein unbehagliches Gefühl stieß ihr auf. „Da fällt mir ein", sagte sie hastig, um das Thema zu wechseln, „kannst du dich noch an seinen Namen erinnern? Du weißt schon, den, mit dem er sich bei Matthiesen vorgestellt hat? Irgendwas Südländisches war das, glaube ich."

Sie zwang sich zur Sachlichkeit, doch innerlich war sie angespannt. Nicht wegen Wacker, sondern wegen Feilchenfeldts selbstgefälligem Ton.

Feilchenfeldt knöpfte gedankenverloren seinen schwarzen Tweedmantel weiter auf und machte Anstalten, in den Flur zu treten. Dann schüttelte er den Kopf.

„Nein, tut mir leid, das ist zu lange her, längst verblasst. Aber eines kann ich sagen: Ein schmieriger Eintänzer ist er ganz und gar nicht – davon konnte ich mich überzeugen. Seine Darbietungen haben Stil, richtig Klasse, und bewegen sich im Bereich des modernen Tanzes." Feilchenfeldt grinste verschmitzt und fügte hinzu: „Garniert mit einer Prise dramatischer Attitüde, möchte ich behaupten. Vor etwa zwei Jahren habe ich ihn in Aktion auf der Schall und Rauch-Bühne im Schauspielhaus erlebt – und muss sagen, es war ein Fest für die Sinne. Marianne und ich waren begeistert. Mit fast schon gummiartigen Beinen und einem gertenschlanken Körper glitt er förmlich zur Musik von Beethoven und Bach durchs Licht – fast unwirklich, wie geschmeidig er sich bewegte. Das muss man gesehen haben, um es zu verstehen. Schwer in Worte zu fassen ... einfach beeindruckend! Einen Teil seines Programms nannte er ‚Zwitschermaschine' – diesen Namen werde ich nicht vergessen."

Feilchenfeldt zupfte lässig ein paar weiße Fussel von seinem beigebraun karierten Kaschmirjackett und ließ sie in den Papierkorb neben Gretes Schreibtisch fallen. Er schien in Erinnerungen zu schwelgen, den schweren Mantel noch immer in der Hand haltend, unschlüssig, ob er gehen oder bleiben sollte.

Plötzlich hob er den Blick und fragte unvermittelt: „Sag mal, was meinst du, woher seine lukrativen Verbindungen in die Schweiz stammen?"

Grete wollte antworten, doch etwas zog sich in ihr zusammen. Warum spürte sie diese leichte Nervosität? War es eine Spur von Unsicherheit? Oder die Angst, diesmal nicht mit Feilchenfeldt einer Meinung zu sein? Nein, das war es nicht. Es war eher ein widersprüchliches Ziehen in ihr – Anziehungskraft und Zweifel zugleich, begleitet von der heimlichen Furcht, er könnte ihre wachsende Faszination für Wacker erahnen, die sie selbst nicht verstand.

War es seine Ausstrahlung, sein Charisma oder das Geheimnisvolle an ihm? Räuspernd zwang sie sich zur Sachlichkeit, doch innerlich tobte ein kleiner Sturm.

„Sein Debüt als Galerist war wirklich eine Meisterleistung", sagte sie. „Du hast die Ausstellung ja gesehen. Die kleine, aber äußerst feine Auswahl erlesener Werke der holländischen und Düsseldorfer Schule war beeindruckend. Solche Qualität gibt es nicht alle Tage – und das bei einem Quereinsteiger!"

Feilchenfeldt nickte, stimmte lächelnd zu. „Trotzdem finde ich seinen Berufswechsel mutig. Unkonventionell." Mit prüfendem Blick kontrollierte er die Oberfläche seines Jacketts, ohne weitere Flusen zu entdecken. „Vermutlich stammt sein Kontakt in die Schweiz aus dem Nachtleben. In seinem Metier begegnet man Gott und der Welt. Er ist nett anzuschauen, ein hübscher Kerl. Vielleicht ist er einem wohlhabenden Alphorn-Fabrikanten aus Basel begegnet oder an einen fleißigen Großbauern aus dem Tessin geraten, der Geld für eine Käseproduktion benötigt", fantasierte Feilchenfeldt und lachte.

Grete verzog den Mund, runzelte die Stirn und stellte sich dicht neben ihren Geschäftspartner. „Wohl kaum", sagte sie ernst, und kontrollierte mit strengem Blick seine Kleidung. „Er behauptet, der Besitzer der Bilder wäre ein in der Schweiz lebender Russe."

Feilchenfeldt stutzte. Für einen Moment hielt er den Atem an. Dann wich er instinktiv einen Schritt zurück, als hätte Grete mit ihren Worten eine unsichtbare Grenze überschritten.

„Wusstest du, dass ein Trübner und ein Uhde noch am Eröffnungsabend seiner Galerie verkauft worden sind?", fragte er schließlich. Seine Stimme klang bemüht beiläufig, aber ein Anflug von Missbilligung lag in seinem Ton. „Die *Vossische Zeitung* hat darüber berichtet. Geschäftstüchtig ist er ja, unser neuer Kollege – das muss man ihm lassen."

„Ich habe davon gehört", erwiderte Grete ruhig. Sie wollte nicht zeigen, wie genau sie Bescheid wusste. „Ein Achenbach ist angeblich zu einem ordentlichen Preis nach London gegangen", fügte sie hinzu, während vor ihrem inneren Auge noch einmal die Szene auftauchte, in der eine ihrer Kundinnen gesprächig wie immer vom Eröffnungsabend geschwärmt hatte.

„Ist dir aufgefallen, wie unsere Kundschaft und auch die Presse seither über ihn spricht? Eine Journalistin beschrieb ihn als galanten Tänzer mit asketischem El-Greco-Körper. Höflich, charmant, kultiviert. Und dazu dieses Aussehen ..." Sie ließ die Worte in der Luft hängen. „Und dann ist da noch seine Biografie, oder besser gesagt: das, was man nicht über ihn weiß. Es gibt keine Vergangenheit, kein öffentliches Vorher. Nur Spekulation. Und genau das zieht die Leute an. Menschen lieben Geheimnisvolles. Sie füllen die Lücken mit ihren Fantasien."

Grete machte eine Pause. Sie wusste, dass sie gerade viel preisgegeben hatte – vielleicht zu viel über einen Menschen, den sie kaum kannte. Ihre Finger glitten fast mechanisch über die Rückenpartie von Feilchenfeldts Jackett und strichen ein paar feine Fusel vom Stoff. Erst als sie genauer hinsah, erkannte sie, dass es sich um Hundehaare handelte.

Diese kleine Geste der Vertrautheit, ganz unbewusst ausgeführt, rührte an etwas in ihr – an die stille Nähe, die zwischen ihnen bestand. Sie teilten Ansichten, Ideale, ihren Berufsstolz – und doch war da immer diese Grenze gewesen, die keiner je überschritten hatte.

„Auf die Gefahr hin, eifersüchtig zu klingen“, fuhr sie schmallippig fort, „aber ich habe gehört, dass bei Schließung seiner Ausstellung nahezu alle Werke verkauft waren.“

Sie sah ihn an, suchte in seinem Gesicht nach einem Zeichen, nach einer Regung. Doch Feilchenfeldt schwieg – und in der Stille lag mehr, als Worte hätten sagen können.

Plötzlich wurde die Tür aufgerissen. Ohne anzuklopfen, betrat Lucie, das Lehrmädchen, den Raum und schnappte nach Luft.

„Da ist ein Herr von der Insel Sylt, der sie sprechen möchte“, platzte es aus ihr heraus, als wäre sie gerannt. „Er sagt, er hätte einen Termin.“

Sie zog eine Augenbraue hoch und blickte Feilchenfeldt fragend an, doch der blieb stumm, schüttelte den Kopf.

„Kann es sein, dass der Mann mit mir verabredet ist?“, fragte Grete zögerlich. „Ich habe einen Beratungstermin notiert. Allerdings für nachmittags, um fünfzehn Uhr.“

„Er behauptet, er wäre extra für das Gespräch nach Berlin gereist“, erklärte Lucie.

Grete sah Feilchenfeldt an. Zeitgleich erhoben sie sich und gingen in das Empfangszimmer. Dort saß ein korpulenter, sehr großer Mann unbestimmten Alters auf einem Polsterstuhl, dem gleichen Modell, auf dem wenige Stunden zuvor Otto Wacker gesessen hatte. In der Hand hielt er eine Matrosenmütze, die er nervös hin und her schwenkte. Der Hüne schoss vom Sitz, als sie gemeinsam den Raum betraten, und schüttelte Feilchenfeldt ehrerbietig die Hand.

„Gestatten, Petersen, Bürgermeister der Gemeinde Westerland auf Sylt. Ich freue mich, Ihre Bekanntschaft zu machen. Ich habe schon viel von Ihnen gehört.“

Der Mann blickte über Grete hinweg, als ob sie Luft wäre. Seine komplette Aufmerksamkeit war auf Feilchenfeldt gerichtet, dem dessen Ignoranz nicht entging. Er deutete mit der Hand auf Grete.

„Ich möchte Ihnen meine Kollegin Dr. Grete Ring vorstellen“, sagte er in einem Ton, der keinen Widerspruch duldete. Dem Bürgermeister blieb nichts anderes übrig, als ihr die Hand zu reichen, wollte er nicht unhöflich wirken. Grete war dabei nicht wohl; sie drückte seine prankenartige Hand nur flüchtig, entschlossen, die schwammige Masse so schnell wie möglich wieder loszulassen. Gleichzeitig wunderte sie sich über sich selbst – dass sein uncharmantes Auftreten sie überhaupt berührte.

„Was führt Sie zu uns?", fragte Feilchenfeldt und deutete mit einer Geste an, wieder Platz zu nehmen. Grete und er setzten sich ihm gegenüber.

„Das ist eine heikle Angelegenheit, die mich Sie aufsuchen lässt. Es fällt mir nicht leicht, hier bei Ihnen aufzukreuzen. Die Welt der Kunst ist nicht die meine." Er hüstelte, kratzte sich verlegen hinterm Ohr.

Grete fiel auf, dass seine Konzentration wieder auf Feilchenfeldt ausgerichtet war und er ihre Anwesenheit auszublenden schien. Das Auftreten des Mannes war ihr unsympathisch – oder war das nur eine Reaktion auf sein ignorantes Verhalten?

Sie beobachtete den Mann: seine Mimik, seine kurzatmiges Sprechen, die Bewegungen. Sicherlich würde er den Ausflug in die anonyme Großstadt mit einem Besuch im Bordell krönen, fantasierte sie gehässig – und lächelte dabei vordergründig freundlich.

Konspirativ rückte Petersen seinen Stuhl näher an Feilchenfeldt heran. Schließlich sagte er verlegen: „In Westerland haben wir eine unerwartete Entdeckung gemacht – einen Kunstfund. An einem Ort, an dem man so etwas gewiss nicht erwartet: auf dem stillgelegten Friedhof unserer Gegend. Statt eines Sargs fand sich in einem Grab ein Konvolut von Bildern. Da in unserer Gemeinde kein Kunstexperte ansässig ist, die Werke jedoch – nach Einschätzung eines ortsansässigen Malers – professionell ausgeführt wurden, wurde mir geraten, die Meinung eines Fachmanns einzuholen. Ihr Kunstsalon genießt einen ausgezeichneten Ruf ..."

Plötzlich zögerte er, sprach nicht weiter, zog Fotoaufnahmen aus der Jackentasche. Grete sah auf den ersten Blick, dass damit nichts anzufangen war. Die mangelhafte Qualität ließ selbst eine erste, grobe Einschätzung nicht zu.

Feilchenfeldt schien gleicher Meinung zu sein. Er nahm die Bilder in die Hand, blätterte die schwarz-weißen Aufnahmen nacheinander durch, schüttelte den Kopf und gab sie Petersen zurück. „Tut mir leid. Unmöglich. Die Fotoaufnahmen sind miserabel. Darauf ist kaum etwas zu erkennen", sagte er mit gerunzelter Stirn und Blick in Petersens erwartungsvolles Gesicht, der die Fotos fest umklammert hielt. „Glauben Sie wirklich, danach können wir Pinselstrich und Farbauftrag beurteilen? Ausgeschlossen."

Grete entging Feilchenfeldts aufbrausender Ton nicht. Sie spürte, dass er sich über den Norddeutschen ärgerte. „Gemälde muss man immer im Original betrachten. Leinwand und Farbe können nur mit den eigenen Augen beurteilt werden. Alles andere wäre unseriös." Bevor Petersen etwas sagen konnte, schob er hinterher: „Ich schlage vor, dass meine Kollegin, Frau Dr. Ring, zu Ihnen nach Sylt kommt. Sie ist die Beste für eine Expertise. Ich selbst reise nie."

Petersen wirkte unzufrieden, grummelte, kippelte mit dem Stuhl. „Sie können es sich in aller Ruhe überlegen. Sie wissen ja, wo Sie uns finden", schloss Feilchenfeldt und stand auf. Auch Grete erhob sich – innerlich jubelnd. Das hatte sich der Mann von der Nordseeinsel gewiss anders vorgestellt. Sein Auftreten war geprägt von einer altväterlichen Haltung, die sie irritierte. In seiner kleinen, eng umrissenen Welt schien die Vorstellung nicht zu existieren, dass eine Frau über Sachverstand und Kompetenz verfügen konnte – schon gar nicht, wenn es um die Beurteilung von Kunstwerken ging. Dass sie darüber hinaus allein reiste und in fremder Umgebung eigenständig arbeitete, sprengte vermutlich den Rahmen seines beschränkten Weltbilds.

„Ach ja, hätte ich beinahe vergessen", sagte Feilchenfeldt. „Falls Sie unsere Dienste in Anspruch nehmen, müssten Sie die Reisespesen übernehmen. Mehr berechnen wir vorerst nicht – sofern Sie uns im Fall unseres Interesses das Vorverkaufsrecht einräumen."

Grete ging dicht neben Feilchenfeldt, als er den Gast zur Tür begleitete. Mit einer ruhigen, sicheren Bewegung streckte sie Petersen die Hand entgegen – nicht als höfliche Geste, sondern als selbstverständliches Zeichen ihrer Position. Dass Petersen sie nur zögerlich ergriff, registrierte sie durchaus; es rührte sie jedoch nicht. Sie wusste genau, welchen Platz sie in der Kunsthandlung einnahm – und welchen Anspruch sie geltend machen konnte.

Kaum waren sie wieder unter sich, beschlossen Grete und Feilchenfeldt, die Entscheidung über das verlockende Angebot Otto Wackers vorerst zu vertagen. Unter Druck wollten sie sich nicht setzen lassen – so verführerisch die zu erwartenden Einnahmen aus der Ausstellung auch sein mochten. Seit Cassirers Tod hatte die Umstrukturierung der Galerie die finanziellen Reserven nahezu aufgebraucht, und nur dank eines Kredits war es gelungen, den Betrieb in gewohnter Form fortzuführen.

Gerade deshalb mussten sie vorsichtig sein. Eine Zusammenarbeit mit dem undurchsichtigen Wacker konnte weitreichende Folgen haben – das war ihnen beiden klar. Entscheidungen wie diese verlangten einen kühlen Kopf und Überlegung. Übereilte Handlungen lagen weder in Gretes noch in Feilchenfeldts Natur. Ihre Geschäftsstrategie gründete auf Seriosität und Sachlichkeit; beides galt ihnen als Grundpfeiler des Vertrauens, das die Kundschaft der Kunsthandlung entgegenbrachte.

Nein, sie würden es niemals riskieren, den guten Ruf des Hauses leichtfertig aufs Spiel zu setzen – jenes Vermächtnis, das sie seit der Übernahme der Geschäftsleitung als gemeinsames Erbe sorgsam hüteten. Jeder Handgriff musste sitzen, jede Entscheidung wohlüberlegt sein.

Der anhaltende Erfolg der regelmäßig veranstalteten Kunstauktionen bestätigte sie in ihrem Weg: Der Kunstsalon erfreute sich ungebrochener Beliebtheit. Mit der Präzision eines Schweizer Uhrwerks fanden sich sowohl Stammgäste als auch Neugierige aus allen gesellschaftlichen Kreisen zur Vorbesichtigung und am Auktionstag ein. Eine Überfüllung des Saals war dabei jedes Mal vorprogrammiert wie die Messe am Heiligabend in der Kirche.

Und doch – zwischen Zufriedenheit und Sorge schwang ein leiser Zweifel. Wie lange würde sich der Erfolg noch halten, wenn sie zu vorsichtig blieben? Aber lieber langsames Wachsen als ein einziger Fehltritt, der alles zunichtemachte. Wacker musste warten.

Grete musste sich eingestehen, dass Otto Wackers Angebot einer Doppelausstellung in ihr die Hoffnung auf eine ersehnte Finanzspritze geweckt hatte – eine Hoffnung, die sich hartnäckig in ihren Gedanken eingenistet hatte. Immer wieder kreisten ihre Überlegungen darum, ob sie ihre familiären Verbindungen zum Hause Liebermann nutzen sollte. Vielleicht ließe sich auf diesem Wege mehr über jenen Tänzer mit dem Nebenerwerb als Kunsthändler herausfinden.

Onkel Max – ein Fels in der Brandung des Berliner Kunstgeschehens, fest verankert in den höchsten Kreisen der Gesellschaft – war durch seine Mitgliedschaft in der Akademie mit zahllosen Künstlern eng vertraut. Wenn jemand in der Lage war, die Seriosität Otto Wackers einzuschätzen, dann er. Vielleicht kannte er sogar dessen familiären Hintergrund, sein Umfeld, seine Freunde – oder zumindest jemanden, der darüber Auskunft geben konnte.

„Wir müssen herausfinden, ob dem Mann zu trauen ist", flüsterte sie Feilchenfeldt in der kleinen Teeküche zu. Er nickte kaum sichtbar. „Wenn einer Bescheid weiß, dann Zille", murmelte er.

In diesem Moment wurde Grete klar, dass auch er sich der Faszination des Angebots nicht entziehen konnte – und längst darüber nachdachte, es anzunehmen. „Auch wenn es stiller um ihn geworden ist und er nicht mehr so häufig über die Stränge schlägt – Heinrich Zille kennt Gott und die Welt", fügte er hinzu.

Feilchenfeldt versprach, seinen alten Schulfreund Harry Katzenellenbogen einzuschalten – einen guten Bekannten des Zeichners –, um sich nach dem umtriebigen Tänzer zu erkundigen. „Der alte Knabe zehrt von seinen früheren Kontakten. Die würden glatt ein pralles Telefonbuch füllen", scherzte er. „Wusstest du, dass Zille unter Zucker leidet und keine Freude mehr am Leben hat?"

Liebermann und Zille – so unterschiedlich sie sich auch in Stil, Motivwahl, Herkunft und Habitus zeigten – genossen in ihrer Heimatstadt Berlin gleichermaßen großen Einfluss und hohe Anerkennung. Was lag also näher, als ihre Kontakte zu nutzen, um mehr über Wacker zu erfahren?

Grete konnte sich die seltsame Freundschaft zwischen Harry Katzenellenbogen – einem studierten Advokaten mit dandyhaften Attitüden, aus gutem Hause, im vornehmen Grunewald aufgewachsen – und dem deutlich älteren Arbeitersohn Heinrich Zille nicht recht erklären.

„Wie kommt es, dass Harry mit Zille befreundet ist?", fragte sie. Feilchenfeldts Antwort kam ohne jedes Zögern, als hätte er nur auf diese Frage gewartet. „Menschen brauchen unterschiedliche Freundschaften, um ein erfülltes Leben zu führen. Wir alle brauchen Anregung und Austausch – sonst verkümmert unser Geist." Er ließ die Worte kurz wirken, dann hob er den Blick und sah Grete prüfend an. „Findest du nicht?"

Sie senkte den Kopf. Noch nie hatte sie darüber nachgedacht. Freundschaft – die war für sie immer da gewesen, wie ein gutsitzendes Kleidungsstück, das man nicht spürt, solange es passt. Sie war es gewohnt, von Menschen umgeben zu sein, geschätzt für ihren Witz und ihr Wissen, bewundert für die Leichtigkeit, mit der ihr Worte und Pointen über die Lippen kamen. Oft stand sie im Mittelpunkt, ohne es darauf anzulegen, und genoss lange Abende – das Klirren der Gläser, das helle Lachen, Tischgesellschaften, die sich wie von selbst ergaben. Abende voller Heiterkeit und Gespräche, scharf wie Gin, und Augen, die bei jedem Wort Funken schlugen.

Ja, sie war eine gute Gastgeberin. Da war sie sich sicher. Großzügig. Gewandt. Empathisch. Durch die richtige Mischung aus Scharfsinn, Leidenschaft und dem schlichten Vergnügen, zusammen zu sein.

„Der Mensch ist eben ein soziales Wesen“, fuhr Feilchenfeldt fort, als hätte er ihre Gedanken erraten – und sie war wieder ganz bei der Sache. „Und gerade diese lockere, freundschaftliche Verbindung zum älteren Zille mit all seinen bunten Lebenserfahrungen könnte uns in diesem Fall von Nutzen sein. Kaum jemand kennt Berlin so gut wie er – jede Spelunke, jeden Hinterhof, jedes Gesicht.“

OTTO

Lustlos spazierte Otto Wacker das breite Trottoir entlang, betrachtete die Auslagen in den Schaufenstern, bis er vor einer Litfaßsäule stehenblieb. Ein Plakat kündigte die Dreigroschenoper im Theater am Schiffbauerdamm an. Ist noch eine Weile hin, dachte er und rieb die kalten Hände gegeneinander. Premiere: 31. August 1928. Er malte sich im Geiste eine opulente Feier aus, knallende Champagnerkorken, Festbuffet und elegante Abendgarderobe, und beschloss, Eintrittskarten zu besorgen. Damit könnte er Erich eine Freude machen. Dann lenkte er den Blick auf die Straße zurück, sah einem modisch gekleideten Herrn im nerzbezogenen Wintermantel hinterher, dessen Gattin zigarrenschachtelgroße Hunde an der Leine führte. Männer in Zunft- und Bürokleidung eilten an ihm vorbei. Waren sie auf dem Weg zur Arbeit? Im Trippelschritt bog er um die Ecke, in die baumlose, mit Mietskasernen gesäumte, schnurgerade Lübecker Straße, in der er wohnte. Widerwillig näherte er sich seiner Wohnung. Das Heimkommen erfüllte ihn mit Beklommenheit – er hatte den Moment so lange wie möglich hinausgezögert, doch nun ließ er sich nicht länger aufschieben. Sein Gewissen drückte. Erich konnte verletzend sein, vorwurfsvoll und argwöhnisch; sein Temperament führte regelmäßig zu Konflikten.

Eine Windböe ließ ihn erschauern. Er bibberte, als er mit steifgefrorenen Fingern den Schlüssel ins Schloss schob und drehte. Beim Atmen spürte er winzige Eiskristalle in der Nase und konnte ein Schniefen nicht unterdrücken. Flüchtig fiel sein Blick auf das Türschild: „GRATKOWSKI – Autofuhrunternehmer“ stand dort, darunter provisorisch mit Bleistift ergänzt „WACKER“.

Erich stand im Flur – in einen Morgenmantel gehüllt und schwarze Lederpantoffeln an den Füßen, lauernd wie ein Raubtier, bereit, ihn abzufangen. Seine Mundwinkel zuckten und sanken, als wollte sich das ganze Gesicht dem inneren Druck beugen. Eine heiße Röte überzog seine Wangen.

„Wo warst du die ganze Nacht?", fragte er vorwurfsvoll. Seine Stimme bebte vor Wut. Otto spürte den missbilligenden Blick auf seiner schmutzigen Kleidung – einen Blick, der ihn wie einen Verbrecher erscheinen ließ. Doch dann zog er ihn in die Arme und küsste ihn zärtlich.

Erich sagte die ganze Zeit kein einziges Wort, als Otto vom Besuch bei Cassirer berichtete. Er blieb ruhig an seiner Seite, ohne ein Getränk anzubieten, und schenkte ihm nicht die Spur eines Lächelns. Nur Ottos vorsichtige Ankündigung, morgen in die Schweiz abzureisen, um das nächste Konvolut abzuholen, brachte Erich erneut zum Zetern. Ob es Eifersucht oder Misstrauen war, konnte Otto nicht einschätzen. Die Situation war neu. Und unerwartet. In der Regel ließen sie sich Freiheiten und vertrauten einander.

„Kann ich mitkommen?", platzte es aus Erich mit einem unterwürfigen Augenaufschlag heraus, als ob er allen Mut zusammennahm. „Nein", antwortete Otto schroff, den Blick starr auf den Dielenboden geheftet, um ihm nicht ins Gesicht blicken zu müssen. „Ich nehme Ware in Empfang. Ein paar neue Bilder. Du weißt, mein Auftraggeber empfängt nur mich. Begleitung duldet er nicht. Leider." Als er beobachtete, wie sich Erichs Miene weiter verdüsterte, fügte er beschwichtigend hinzu: „Sei vernünftig. Einer von uns muss hier die Stellung halten. Sonst geht die Rechnung nicht auf. Willst du nicht auch, dass alles planmäßig läuft?"

Ob Erich auffiel, dass etwas nicht stimmte? Otto wusste es nicht, ahnte aber, dass sein Augenflackern ihn verraten könnte, und hielt den Blick weiter gesenkt. Wie er es hasste zu lügen.

Am späten Nachmittag, er hatte sich die Schminke vom Gesicht gewaschen und einige Stunden Schlaf genossen, warf sich Otto mit einer Portion Kohlrouladen im Bauch, die Erich aufgewärmt hatte, in Schale. Heute Abend wollte er glänzen. Er war im Schall und Rauch gebucht. Von Landwirten. Angeblich war die Gruppe extra aus dem Alten Land für den Auftritt im Kabarett angereist, jemand hatte ihn empfohlen. Er musste schmunzeln, wenn er daran dachte.

Für altspanische Tänze war er bekannt. Schlangenartige Bewegungen und raubtierhaftes Auftreten sagte man ihm nach. Und eine ungewöhnliche Wandlungsfähigkeit.

Otto rasierte sein Gesicht. Dabei verdüsterte sich seine Stimmung. Landwirte mit Interesse an modernem Tanz? Kaum vorstellbar. Und wenn schon, dachte er trotzig. Das Honorar war gut – ein paar zusätzliche Scheine in der Tasche konnten nicht schaden. Er legte den Rasierer beiseite, tupfte das Gesicht mit dem Handtuch ab und ließ den Blick voller Genugtuung über sich gleiten. Die kurze, blauschwarze Jacke, die enganliegende, knielange Hose, der breite, rote Gürtel, der Umhang – alles eigens für diesen Auftritt selbst entworfen.

Peinlich berührt erinnerte er sich an den Besuch bei Cassirer: das verschmierte Gesicht, die verdreckte Kleidung. Wie hatte er nur wagen können, in diesem Zustand dort aufzutauchen – und dann auch noch sein Anliegen vorzutragen?

Hatte es am Alkohol gelegen? Das saubere Kostüm, das er jetzt trug, war elegant und verwandelte ihn in einen feurigen Torero. Er knöpfte das weiße Hemd zu, zog den Gürtel enger und machte sich bewusst, dass er morgen Mittag im Zug sitzen würde. Er hasste es, Erich anzuschwindeln und ihm etwas vorzuspielen.

Otto sah in den Spiegel und versuchte, einen Blick auf seinen Rücken zu erhaschen. Saß alles? Sah er gut aus? Ein Anflug von Unruhe erfasste ihn; er konnte es kaum erwarten, auf der Bühne zu stehen. Tanzen fiel ihm leicht; Rhythmus lag ihm im Blut. Die Bewegungsabläufe beherrschte er im Schlaf. Er liebte das Rampenlicht, die Aufmerksamkeit der Zuschauer, das Gefühl, im Mittelpunkt zu stehen und seine eigenen Choreografien zu zeigen. Ein paar Musiker aus dem Blüthner-Saal würden ihn begleiten – Welten entfernt von der Galerie und der trockenen Büroarbeit. Heute Abend würde er alles geben.

Am nächsten Morgen brummte Ottos Schädel. Ihm war elend zumute, er machte sich fertig den Zug zu erreichen.

„Darf ich dich zum Bahnhof begleiten?“, hatte Erich beim Aufstehen gefragt, als sie sich voneinander lösten. „Sei mir nicht böse, mein Lieber. Mir ist nicht nach Begleitung. Ich habe schreckliche Kopfschmerzen und bin froh, nicht reden zu müssen“, hatte er müde abgewiegelt, doch das schlechte Gewissen blieb. Die Eindrücke des vergangenen Abends geisterten noch durch seinen Kopf, während er den Koffer schloss, den Mantel vom Bügel nahm und ihn mit einer flüchtigen Geste entstaubte. Der Tanzabend war ein Vergnügen gewesen – ein rauschender, mitreißender Moment. Mit stiller Genugtuung stellte er fest, die Landmänner in seinen Bann gezogen zu haben. Er versank in Erinnerungen an die farbsatten Rhythmen, die ihn durch den Raum getragen hatten wie unsichtbare Wellen. Die mühelose Kontrolle über jede Bewegung, die geschmeidige Kraft seines disziplinierten Körpers – all das hatte bewunderndes Raunen im Saal entfacht. Dass sein Schädel nun dröhnte, war dem feuchtfröhlichen Ausklang der Nacht geschuldet. Nach der Vorstellung hatten die Landwirte ihn eingeladen, mit ihnen durch die Kneipen zu ziehen – ein Angebot, das er nicht hatte ausschlagen wollen.

Otto knöpfte den Mantel zu, nahm den Koffer in die Hand und verabschiedete sich mit einem flauen Gefühl im Bauch. Erichs Hundeblick – dieser unterwürfige Augenaufschlag mit hochgezogenen Brauen und schiefgelegtem Gesicht – machte ihm den Abschied nicht leicht und verstärkte die gedrückte Stimmung. Dabei, fand Otto, hatte er sich nichts vorzuwerfen. Wenn er Erich Einzelheiten seiner Geschäftspolitik verschwieg, so tat er das doch zu dessen Schutz.

Wenige Minuten später stand Otto nach einem kleinen Umweg an der Straßenbahnhaltestelle, darauf bedacht, nicht von Erich beobachtet zu werden. Wie hätte er erklären sollen, dass er in die falsche Richtung fuhr? Nicht zum Anhalter Bahnhof, wo die Züge in Richtung Schweiz abfuhren, sondern zum Lehrter Bahnhof – im Zug um zwölf Uhr vierunddreißig im dritten Abteil auf Platz zwölf, mit Ziel Nordseeküste.

MALER

Die Staffelei war schwer. Leise stöhnend klappte er sie zusammen, bemüht, kein weiteres Geräusch zu verursachen.

Ein Stück Tau, das er Tage zuvor am Strand zwischen Muscheln und stinkenden Algen gefunden hatte, schlang er fest um die hölzernen Beine, damit sie sich nicht wieder öffnete. Pinsel und Wasserglas verstaute er bei den übrigen Dingen in seinem braunen Leinenrucksack, den er sich über die Schultern warf. Er blinzelte, blickte nach oben in den Himmel. Erste blassrosagefärbte Lichtstreifen am Horizont kündigten einen heiteren Tag an und zauberten ihm ein Lächeln auf die Lippen. Auf Strümpfen, mit beiden Händen die Staffelei umfassend, schlich er aus dem Haus, zog die Schuhe und die Jacke erst vor dem Gartenzaun an, um niemanden zu wecken. Die Idee war plötzlich gekommen. Mit Wucht und Entschlossenheit. Er hatte nicht schlafen können, sich im Bett gewälzt und überlegt, wie er den Sonnenaufgang einfangen könne. Da gab es diese Stelle zwischen den Dünen, die ihm besonders gut gefiel, weil die Ausrichtung stimmte. Zwei große Felsen lagen links und rechts davor und boten Windschutz. Dort wollte er hin, die Staffelei aufbauen und aufs Meer blicken, um die aufgehende Sonne in kräftigen Farben auf die Leinwand zu bannen.

In der Dämmerung stapfte er den Weg entlang bis zum Strand. Der unaufhörliche Wind zermürbte. Die Haarsträhnen fielen ihm immer wieder ins Gesicht und reizten die Haut wie Sandpapier auf Holz. Rucksack und Staffelei krümmten seinen Rücken, trotz der Kälte begann er zu schwitzen. Helle Strahlen fielen wie blitzende Schwerter vom Himmel in den Sand. Er blieb stehen und beobachtete, wie schneeweiße Möwen aufflatterten, der Wind die kräuselnde Oberfläche des Wassers peitschte und winzige Schlickkrebse vor seinen Füßen das Weite suchten. Als er sich umdrehte, freute er sich über seinen frühen Aufbruch. Zu dieser Stunde hatte er den Strand für sich allein. Je weiter er ging, desto stärker tobte der laute Wind.

An der Wasserkante blieb er noch einmal stehen und betrachtete die Wellen, die dreckiges Salzwasser an Land spülten und für gelbe Schaumkronen am Strand sorgten. Nach einer halben Stunde Fußmarsch erreichte er sein Ziel. Er packte die Zinntuben aus dem Rucksack und begann, die Leinwand aufzuspannen. Die schrillen Schreie der Möwen vermischte sich mit heulendem Windgesang und tobenden Wellen. Dann wartete er mit gehobenem Pinsel.

Zwei Stunden später packte er seine Sachen wieder ein. Das nackte, strahlend weiße Blatt klagte ihn an. Es war leer geblieben, und er konnte den Anblick nicht länger ertragen. Die Feuchtigkeit unter den Augen wischte er mit dem Ärmel weg. Sein Körper zitterte von der klirrenden Kälte, seine Nase tropfte, seine rauen Hände zeigten lila Verfärbungen. Er rieb sie aneinander, um sie zu wärmen, und rannte mit dem Gepäck nach Hause.

Als er die Haustür aufschloss, rief sie nach ihm. Wo er gewesen sei, wollte sie wissen. Ob er Hunger habe oder Durst. Er schwieg, ging in sein Zimmer, zog Jacke und Schuhe aus und legte sich angezogen unter die Bettdecke. Sie öffnete die Zimmertür, schaute nach ihm. Er tat, als ob er schliefe, wollte nicht reden. Erst als die Haustür zuschnappte, kroch er unter der Decke hervor, schlich aus dem Zimmer in die Küche und machte sich über den Brotlaib her.

20. MÄRZ 1927

„Wie in der Unterhaltungsbranche darf man auch beim Geschäftemachen nicht zimperlich sein. Wer zu lange zögert, verspielt seine Chance", erklärte Feilchenfeldt, bevor er sich auf den Weg zum Treffen mit Harry im Aschinger machte. „Befindlichkeiten und den eigenen Geschmack müssen wir den Marktbedingungen unterordnen, sonst gehen wir mit Mann und Maus unter." Er tippte sich knapp an den Hut und rauschte mit wehendem Mantel davon.

Sobald die Tür hinter ihm ins Schloss gefallen war, machte sich Grete auf den Weg in die Buchhaltung. Der Flur lag bereits still; alle Mitarbeiter waren schon im Feierabend – genau, wie sie es geplant hatte. Mit der Ruhe einer Frau, die weiß, was sie tut, öffnete sie die Tür und trat ein.

Seit Monaten nagte die Sorge um die finanzielle Lage der Galerie an ihr. Diskret, ohne dass die Angestellten oder Feilchenfeldt etwas davon bemerkten, führte sie in unregelmäßigen Abständen stichprobenartige Kontrollen durch. Sie blätterte in Ordnern, durchforstete die Ablage, prüfte akribisch die Spalten des Kontobuchs. Jede Zahlung, jede Abrechnung nahm sie genau in Augenschein, immer auf der Suche nach Unregelmäßigkeiten – und anschließend mit dem beruhigenden Gefühl, dass alles seine Ordnung hatte.

Doch manchmal ließ sich ein leiser Zweifel nicht abschütteln. Dann überkam sie ein Misstrauen, das sie selbst erschreckte. Heimlich öffnete sie die persönlichen Spinde der Mitarbeiter, flüchtig, aber mit geschärftem Blick, immer darauf bedacht, keine Spuren zu hinterlassen.

Diese Akribie hatte sie von ihrem Vater. Als Vizepräsident des Kammergerichts war er auch für die kaufmännischen Belange zuständig gewesen und hatte ihr früh den Wert einer ordentlichen Buchführung vermittelt.

Es war eine Art Sorgfaltspflicht, die sie nicht losließ. Keine Last, vielmehr ein innerer Antrieb, dem sie aus Überzeugung folgte –

schweigend, unbeirrbar. Feilchenfeldt ahnte nichts von ihren heimlichen Kontrollen, und das sollte auch so bleiben. Zu gut wusste sie, wie es auf ihn wirken würde. Fände er es heraus, würde er es wohl als weibliche Überempfindlichkeit abtun, vielleicht sogar als unnötige Nervosität. Kontrolle um der Kontrolle willen – so würde er es nennen.

Doch Grete kannte den Grund ihres Handelns genau. Nicht nur für das Überleben der Kunsthandlung, sondern für etwas Größeres: für ihren Ruf, für ihr Vermächtnis, für eine Seriosität, die sie entschlossen bewahren wollte – gerade weil sie zu bröckeln begann. Das Klischee der überempfindlichen, sensiblen Frau wollte sie um keinen Preis erfüllen.

Die Zahlen, die sie an diesem Abend in den Akten fand, machten jede Hoffnung zunichte. Kein Spielraum mehr. Die Rücklagen schmolzen, still und stetig. Ein paar Monate vielleicht – dann war Schluss. Gehälter, Betriebskosten, ein kleines Honorar für Feilchenfeldt und sie – mehr war nicht mehr drin. Wie gut, dass sie private Rücklagen geschaffen hatte.

Sie schloss die Ordner, ließ den Blick schweifen. Der Schreibtisch im Halbdunkel, die Ordner akkurat im Regal, der feine Staub auf dem Aktenschneider – alles wirkte geordnet und ruhig. Und doch lag etwas in der Luft. Eine Stille, die drückte.

Große Sprünge? Undenkbar. Die Verkäufe stagnierten, neue Aufträge blieben aus. Die Konkurrenz schlief nicht – im Gegenteil. Überall neue Namen, neue Gesichter. Junge Galeristen mit glänzenden Visitenkarten, fliegende Händler mit fragwürdigen Provenienzen – alle auf der Jagd nach dem großen Geschäft. Und vom einst so üppigen Kuchen war kaum mehr ein Stück übrig.

Berlin boomte, ja. Doch das Brummen des Kunstmarkts war trügerisch. Laut, aber unbeständig. Schnell war man draußen, wenn man einmal zögerte. Eine verpasste Einlieferung, ein verlorener Kunde – und schon geriet das Gleichgewicht ins Wanken.

Ein Angebot wie die Van-Gogh-Ausstellung? Ein Geschenk. Oder eine Prüfung. Jedenfalls nichts, das man leichten Herzens ausschlagen konnte.

Sie stand auf, löschte das Licht.

Die Kollegen schlafen nicht, dachte sie. Sie wittern Chancen wie Raubtiere Beute. Und sie würden sich alle zehn Finger nach so einer Gelegenheit lecken.

Draußen war es dunkel. Sie zog den Mantel enger und machte sich auf den Heimweg – das Gefühl einer inneren Pflicht lag wie ein Gewicht auf ihren Schultern, schwer, aber vertraut.

24. MÄRZ 1927

Grete zögerte nicht lange, die Nähe zu ihrem Onkel zu suchen. Bereits am folgenden Samstag besuchte sie ihren Vater in der elterlichen Wohnung am Schöneberger Ufer zum Tee – wie so oft lief der familiäre Austausch über ihn, seit ihre Mutter gestorben war. Ihr eigener Kontakt zur Verwandtschaft blieb oberflächlich; sie begegnete den Verwandten nur selten, meist zu Geburtstagen oder festlichen Anlässen.

Sie musste an ihre Mutter denken, die so stolz auf den prominenten Schwager gewesen war und regelmäßig im Haus ihrer Schwester Martha verkehrte. Es war ihr Terrain gewesen, dort hatte sie sich bedeutend gefühlt. Und sie hätte gewusst, wie man Kontakte zur feinen Gesellschaft für die eigenen Zwecke nutzt.

Grete war vorbereitet. In ein neues Nachmittagskleid aus violetter Naturseide gehüllt – schmaler Kragen, tiefe Taschen, elegante Linie –, präsentierte sie sich dem Vater mit der festen Absicht, ihm einen Vorschlag zu unterbreiten. Ein Abendessen schwebte ihr vor, vielleicht im Landhaus am Wannsee, vielleicht in den Räumen am Pariser Platz. Doch kaum hatte sie das Wort „Einladung" ausgesprochen, kam es wie ein Schlag.

„Lass mich mit diesem Blödsinn in Ruhe!", fauchte er. Die Gabel mit dem Bienenstich fiel ihm beinahe aus der Hand, der Tee blieb unberührt. „Du willst dich mit dieser männlichen Tanzmarionette einlassen? Wagst es, deinen Onkel mit solchen Albernheiten zu behelligen? Was denkst du dir dabei?" Seine Stimme bebte, das Gesicht spannte sich, sein Blick war eiskalt.

„Du willst, dass Max Zeit opfert, um seine Finger in Berlins sündige Tanzpaläste zu stecken?" Seine Stimme hatte etwas Bedrohliches angenommen, er zischte. „Ein Mann wie er, der mit Bankiers, Kommerzienräten und Ministern verkehrt … und du willst ihn ins Halbdunkel dieser Bühnenwelt zerren?"

Er verstummte abrupt, ließ seinen Blick über die Tochter gleiten, verächtlich und prüfend. Und plötzlich überkam Grete das Gefühl, er wünsche sich nichts sehnlicher, als dass seine Frau an seiner Seite stünde, um ihm Rückhalt zu geben.

Grete spürte, wie sich ihre Kehle zuschnürte. Das vertraute, scharfe Brennen einer alten Demütigung stieg in ihr auf. Sie wollte schon abwiegeln, einen Rückzieher machen, als ihr Vater plötzlich aufsprang, zur Sofatischschublade ging und darin zu wühlen begann.

„Was machst du?", fragte sie, irritiert.

Ohne ein Wort knallte er eine Ausgabe der *Dame* auf den Tisch. Es war die Nummer 4/27. Auf der Titelseite: zwei modische Damen in pelzbesetzten Jackenkleidern, elegant und kühl.

Mit beinahe theatralischer Geste blätterte er durch die Seiten, die schmalen Finger zittrig. Ihr Blick heftete sich auf die blauen Adern seiner Hand, die sich wie gezeichnete Flüsse über seine Haut zogen.

Dann ein triumphierender Aufschrei.

„Hier steht es! Schwarz auf weiß! Olindo Lovael, das neue Tanzphänomen! Der Gott der spanischen und argentinischen Tänze! Manche nennen ihn einen Erotiktänzer!"

Seine Stimme überschlug sich fast. „Hör zu: Die Reihe tänzerischer Individualitäten wird neuerdings um eine Persönlichkeit von phänomenalen Fähigkeiten bereichert ..." Er las weiter, die Worte als Waffe schleudernd, als Beweis für Gretes Verfehlung: „... geschmeidige Bewegungen, sagenhafte Gelenkigkeit ..." Dann schwenkte er das Blatt vor ihrem Gesicht wie ein Gerichtsurteil.

Grete riss es ihm aus der Hand. Auf der linken Seite: ein strahlender Otto Wacker im goldverzierten Torero-Kostüm. Rechts: dieselbe Gestalt, nackt bis zur Taille, in sinnlicher Pose auf einem Sofa.

„Er tanzt, zum Teil ohne Musik, lebendig gewordene literarische Skulpturen ...", las sie. „Sein Wesen ist erfüllt von religiöser Innigkeit, die jede seiner Gesten vergeistigt."

„O-l-i-n-d-o L-o-v-a-e-l …“, wiederholte sie leise. Wer war dieser Mann wirklich? Und warum trug er diesen seltsamen Namen wie eine Maske? Ihr fiel der Abend bei Matthiesen wieder ein, als er strahlend den Raum betreten hatte – ein Mensch, den man nicht so leicht vergaß.

Sie betrachtete sein Bild: schwarze Pluderhose, rotes Rüschenhemd, das Barett schräg auf dem dunklen Haar – wie aus einer anderen Welt entsprungen. Ihre Lippen zuckten. Ein Grinsen, ein Anflug von Spott, aber auch Faszination. Erotiktänzer? Wohl eine Übertreibung. Und doch war da mehr. Mehr als bloß ein exzentrischer Künstler. Eine Präsenz. Eine Aura, die ihr wider Willen imponierte.

Nachdenklich sah sie ihren Vater an und war überrascht. Er hatte ihr auf die Sprünge geholfen – und plötzlich war der Name da, den sie in ihrem Gedächtnis vergeblich gesucht hatte. Olindo Lovael – alias Otto Wacker.

Wenig später trat sie aus dem Haus, in dem sie bis vor drei Jahren mit ihrem Vater gelebt hatte. Seit dem Tod ihrer Mutter vor sechs Jahren war Grete dort in eine Rolle hineingewachsen, die nie die ihre gewesen war – Gesellschafterin, Haushaltsstütze, Vermittlerin im veränderten familiären Gefüge. Doch irgendwann hatte sie es nicht mehr ertragen, sich in dieser Rolle zu verlieren. Jetzt lebte sie in ihrer eigenen Wohnung am Landwehrkanal – unabhängig, selbstbestimmt, zufrieden.

Sie lief das Trottoir entlang, langsam und bedächtig. Mit jedem Schritt knallten ihre Schuhe auf den plattenartig verlegten Pflastersteinen, ein gleichmäßiger Rhythmus in der leeren Straße. Ein Entschluss verfestigte sich leise, aber bestimmt in ihrem Kopf: Sie würde allein handeln – ohne den Vater. Den Kontakt zu Onkel Max würde sie selbst aufnehmen. Irgendetwas würde ihr schon einfallen – wie immer.

Noch einmal dachte sie an ihre Mutter. Es versetzte ihr einen kleinen Stich, sie viel zu früh verloren zu haben. Die Frau, die ihr wohl geholfen hätte – und sie doch nie wirklich verstanden hatte. Für sie war Gretes Lebensweg ohne Ehemann, ohne Kinder, ohne bürgerliches Korsett ein Irrtum gewesen, ein Misserfolg. Ihre Enttäuschung war trotz ihres erfolgreichen Studiums und ihrer Promotion bis zuletzt unverrückbar geblieben. Grete wusste: Diese Härte war nicht nur Prinzip, sondern Wunde. Der Schmerz darüber, keine weiteren Kinder bekommen zu können, hatte ihre Mutter zerfressen und sie scharfzüngig und bitter gemacht.

Grete hatte früh gelernt, mit den verbalen Nadelstichen umzugehen. Aber sie stachen immer wieder, wenn sie daran dachte. Denn das Band zur Mutter war gespannt gewesen, spröde – von Rissen durchzogen, aber nie gerissen. Und immer wieder die Frage: Wie konnte eine Frau, die ihr Leben lang am Herd gestanden hatte, so wenig von der eigenen Mutter in sich tragen? Jener Großmutter, die einst als Pionierin der Frauenbewegung aufgetreten war, eine Frau, deren Mut, Tatkraft und Kühnheit von vielen bewundert wurde? Grete spürte einen leisen Schmerz dabei, ein Gefühl von verpasster Erbschaft, von Stärke, die an ihr vorbeigegangen war.

Die Großmutter blieb für Grete eine Sehnsuchtsgestalt. Sie hatte sie nie kennengelernt, zu früh war sie gestorben. Und doch war sie stets präsent – als leuchtendes Gegenbild zur Mutter, als stille Verbündete, als das, was hätte sein können.

Gedankenversunken setzte Grete ihren Weg in die Landgrafenstraße fort. Ihre Schritte wirkten mechanisch, ihr Blick war leer – noch haftete ihr Denken an der Mutter. Doch dann wanderten ihre Gedanken weiter. Ganz anders war es mit dem Vater. Grete liebte ihn innig und beständig. Von klein auf war sie ein Vaterkind gewesen. Victor hatte sie gefördert, ihr Mut gemacht, beruflich voranzugehen. Das Talent zum Schreiben, die Lust am Denken – das alles kam von ihm. Auch ihr analytischer Blick, ihre Disziplin, ihre Schärfe: Er hatte ihr mehr vererbt als nur Gene.

Und doch war da ein Bruch. Seit seiner Pensionierung vom Kammergericht hatte sich etwas verschoben. Er war kaum noch zu

Hause und für sie zu sprechen. Stattdessen Empfänge, Ehrenämter, wohltätige Vereine. Grete sah ihn fast nur noch in Gesellschaft anderer – höflich, charmant, brillant wie immer. Aber nie allein.

Manchmal fragte sie sich, ob er ihre Nähe mied. Ob die zahllosen Verpflichtungen nur Tarnung waren, eine elegante Flucht aus dem Alltag, um Einsamkeit vorzubeugen und ernsthaften Gesprächen zu entgehen.

Ihre Entfremdung war nicht zu übersehen. Sie lebten, wie geübte Darsteller in einem wohlinszenierten bürgerlichen Stück. Die Fassade hielten sie aufrecht. Um jeden Preis. Denn in ihrer Familie hieß es: Haltung bewahren, keine Schwäche zeigen. Aber Grete spürte deutlich: Dahinter war etwas zerbrochen.

26. MÄRZ 1927

Nur zwei Tage nach dem unergiebigen Teebesuch am Schöneberger Ufer gelang es Grete, die Gunst der Stunde für ihre Zwecke zu nutzen. Die Gelegenheit kam unverhofft. Sie war einer Verabredung mit dem Architekten Wilhelm Büning, geschuldet, der für sie in Sacrow einen Bungalow errichten sollte. Einen Rückzugsort, ihr „Weekend", ein modernes Sommerhaus mit Flachdach, in dem sie künftig Ausspannen und freie Tage fernab der Großstadt verbringen wollte. Das Grundstück hatte sie bereits gekauft.

Gegen fünf Uhr nachmittags eilte sie durch die Drehtür des Romanischen Cafés, um Details für den Grundriss und die Gartenanlage zu besprechen, als sie stutzte. In der Nähe des Eingangs saß ein vertrautes Gesicht an einem kleinen runden Tisch mit Spitzendecke. Es gehörte Johanna Arnhold, einer Freundin der Familie und Nachbarin ihres Onkels in Wannsee. Sichtlich vertieft in ein Gespräch mit einem fremden Mann, der mit ausladenden Gesten etwas erklärte, bemerkte sie Grete nicht und hielt einen Suppenlöffel in der Hand, der zu einem Teller mit gräulichem Inhalt gehörte. Grete identifizierte ihn als eine Fischterrine mit Krustentier- und Kräutereinlage, eine der Spezialitäten des Hauses.

Im Romanischen Café, dem Treffpunkt der Künstler, Schriftsteller, Schauspieler und Verleger ging Grete ein und aus. Ohne zu zögern, hätte sie sich als Stammgast bezeichnet, hätte sie jemand danach gefragt. Die überdachte Terrasse des Hauses diente als eine Art zweites Wohnzimmer, und gern genoss sie die große Auswahl an Zeitungen bei einer Tasse Kaffee und köstlichem Mohn- oder Apfelstrudel.

„Schön, dich zu sehen, Johanna", rief Grete erfreut und blieb vor ihrem Tisch stehen.

Die Angesprochene blickte überrascht auf. Grete bemerkte einen bitteren Zug um ihren Mund, der wohl auf die Ereignisse der letzten Jahre zurückzuführen war. Vor zwei Jahren war ihr Mann

Eduard, ein erfolgreicher Unternehmer im Kohlehandel und ambitionierter Kunstsammler, verstorben.

Schwerfällig erhob sie sich, ihre strenge Hochsteckfrisur wackelte bedrohlich, eine weiße Stoffserviette fiel von ihr unbemerkt zu Boden und landete vor Gretes Füßen.

Grete hob sie schnell auf, legte sie diskret zurück auf den Tisch, bevor Johanna ihre Hand ergriff und kräftig drückte.

„Liebe Hexe, ich bin überrascht, dich zu sehen!"

Grete schluckte. Es ärgerte sie, von der älteren Dame mit ihrem Kosenamen angesprochen zu werden. „Hexe" – der wenig schmeichelhafte Begriff war nur engen Freunden vorbehalten. Jenen, die ihn mit liebevoller Ironie, nie mit herablassender Bosheit verwendeten. Grete konnte es nicht ausstehen, wenn jemand außerhalb dieses kleinen, vertrauten Kreises sich anmaßte, sie so zu nennen. Früher hatte ihre Mutter sie manchmal damit aufgezogen, doch das war lange her. Johannas Anblick veranlasste sie jedoch, ihren Ärger runterzuschlucken.

Sie sieht elend aus, dachte Grete, hat sichtlich abgebaut, ist schmal geworden, der Kummer steht ihr im Gesicht. Beim Betrachten des mit Perlen verzierten Pepitakleids überkam Grete ein mitleidiges Gefühl. Der Kragen war schmutzig und fleckig, die weiße Farbe vergilbt. Am Ärmelbund hatte sich eine Naht gelöst, Knitterfalten überzogen den Rock. Grete nahm einen leichten Altfrauengeruch wahr und versuchte, flach zu atmen. Sie musste an ihren Vater denken, der kürzlich erzählt hatte, Johanna Arnhold habe ihre Aktivitäten als eigenständige Sammlerin aufgegeben und ihre Mitgliedschaft im Verein der Künstlerinnen und Kunstfreundinnen zu Berlin ruhen lassen. Gretes Onkel Max und Johannas verstorbener Gatte waren enge Freunde gewesen. Beide hatten die Leidenschaft der Garten- und Landschaftsgestaltung gepflegt. Ihre gemeinsamen Rundgänge galten als legendär. An warmen Sommertagen sah man die beiden durch ihre üppig blühenden Gärten flanieren und fachsimpeln. Schädlingsbefall und Blattkrankheiten konnten sie ebenso ins Gespräch bringen wie der Gedankenaustausch über Form, Farbe und Wuchs von Ringelblumen, Rittersporn, Wicken und anderen Sommerblumen. Auch der perfekte Schnitt einer Buchenhecke und Tipps zum Überwintern von Topfpflanzen oder der richtige Zeitpunkt zum Pflanzen von Beet- und Kletterrosen weckten ihr Interesse.

„Wenn das kein Zufall ist, meine Liebe! Da möchte ich gleich die Gelegenheit ergreifen, dich im Namen des Bankierspaars Fürstenberg zu einem kleinen Empfang einzuladen", sagte Johanna und ließ sich in ihren Stuhl zurückfallen. Grete, die noch immer vor ihr stand, sah sie überrascht an.

„Morgen Abend, im Café Carlton", fügte sie mit zuckersüßer Stimme hinzu und zwinkerte verschmitzt mit den Augen.

Ihr Gegenüber, das sich spätestens jetzt als überflüssiger Gesprächspartner fühlte, stand auf und wünschte den Damen einen guten Tag. Grete setzte sich auf den freigewordenen Platz. Sie blickte dem Mann hinterher, grübelte, ob das Kurt Tucholsky gewesen sein mochte, traute sich aber nicht, Johanna Arnhold danach zu fragen. Von der Bedienung hatte Grete kürzlich gehört, dass der Schriftsteller derzeit viel Zeit im Kaffeehaus verbrachte, da er sich von der Atmosphäre des Hauses Inspiration erhoffte.

Johanna Arnhold blickte sie eindringlich an. Nervös dachte Grete an ihre Verabredung mit dem Architekten, der an der Planung ihres Paradieses arbeitete. Sie hasste Unpünktlichkeit. Suchend drehte sie den Kopf und ließ den Blick durch den Raum schweifen. Vermutlich hielt er sich im Nebenzimmer auf – zu sehen war er nicht.

„Vielleicht hast du gehört, dass dein Onkel sich um Genia Levine, Hans Fürstenbergs Frau, verdient gemacht hat", sagte Johanna erklärend. „Die eindrucksvollen Porträts, die er von ihr fertigte, sind hinreißend. Er hat es verstanden, sie perfekt in Szene zu setzen, selbstbewusst und elegant. Der Nachwelt wird sie als eine sinnliche Schönheit in Erinnerung bleiben. Sie und ihr Ehemann sind dem

Meister sehr dankbar und möchten sich erkenntlich zeigen. Sie haben sich ein besonderes Geschenk für ihn einfallen lassen, im Wissen, dass er im Sommer seinen achtzigsten Geburtstag feiert. Es handelt sich um eine Äquatorialsonnenuhr, wie sie im 17. Jahrhundert in holländischen Gärten üblich waren. Noch wird an dem Zeitmesser gewerkelt. Dein Onkel höchst persönlich soll den passenden Zeiger unter drei verschiedenen Varianten auswählen, damit alles seinem Geschmack entspricht. Eine echte Überraschung ist es also nicht, eher eine Auszeichnung. Der kleine Empfang morgen Abend dient dazu, die prachtvolle Sonnenuhr der Öffentlichkeit vorzustellen. Ganz selbstlos ist der Herr Bankier nämlich nicht. Er macht ein bisschen Werbung in eigener Sache und präsentiert sich als großzügiger Mäzen."

Sicher gut fürs Geschäft, dachte Grete im Stillen und fragte sich, was Johanna Arnhold mit dieser Angelegenheit zu tun hatte.

„Fürstenberg bemüht sich, sein Ansehen zu verbessern. Du weißt ja: Jüdische Bankiers haben keinen leichten Stand – man begegnet ihnen mit Vorurteilen von Geiz und Habgier", erklärte sie.

Grete, die nur mit einem halben Ohr zuhörte, da sie weiter nach ihrer Verabredung Ausschau hielt und dabei den vermeintlichen Tucholsky wiederentdeckte, der an einem Tisch im hinteren Teil des Saals Platz genommen hatte und mit Stift und Papier hantierte, fragte fahrig: „Und was ist deine Funktion?"

„Im Namen des viel beschäftigten Bankierspaars habe ich die Aufgabe übernommen, mich um die Einladungsliste zu kümmern." Johanna seufzte. „Ich brauche Ablenkung. Was ich mache, ist egal. Hauptsache, ich bin beschäftigt und komme unter Leute. Sonst werde ich noch rammdösig. Die Levines kenne ich recht gut. Ihr Angebot, die Organisation des Abends zu übernehmen, habe ich gern angenommen. Und aus dieser Position heraus erlaube ich mir, dich einzuladen. Deine Anwesenheit würde den Abend bereichern", sagte sie mit einem Lächeln. „Vermutlich kennst du den einen oder anderen Gast. Corinth wollte kommen und Slevogt. Lichtwark wusste noch nicht, ob er es schafft. Tucholsky, den du gerade verjagt hast, ist auf jeden Fall dabei", ergänzte sie. „Und dein Onkel wird sich sicherlich freuen dich zu sehen", sprudelte es aus der mageren Frau hervor.

Sie fasste an ihr dichtes, graues Haar und wirkte plötzlich nachdenklich. „Weißt du eigentlich, wie traurig ich es finde, dass du deine wissenschaftliche Laufbahn aufgegeben hast. Ich bin der Meinung, dass du dich mit Hartnäckigkeit in der Männerdomäne behauptet hättest. Es ist eine Schlangengrube, gewiss, doch du hast Biss."

Grete, der das Blut in die Wangen schoss, blickte zu Boden und erwiderte nichts. Das war ein wundes Thema, sie wollte jetzt nicht darüber nachdenken und daran erinnert werden.

„Dass ich deine Arbeit bei Cassirer nicht schätze, will ich damit aber nicht ausdrücken", fügte Johanna beschwichtigend hinzu, „versteh mich bitte nicht falsch, Grete, aber mit deinen Kenntnissen und deiner Gabe des schriftlichen Ausdrucks wärst du vermutlich an einer Hochschule oder im Museum an der besseren Adresse – und nicht im Haifischbecken des Kunsthandels." Kaum hörbar ergänzte sie mit gekünstelter Trauerstimme: „Es ist ein bisschen wie Perlen vor die Säue werf…"

„Vielen Dank für die Einladung, Johanna. Ich komme gern", unterbrach Grete hastig ihren Redefluss, ehe sich das Gespräch weiter in eine Richtung entwickelte, die sie als unangenehm empfand. Fast beiläufig nahm sie die Hand der alten Dame und hielt sie einen Moment lang ein wenig fester als nötig – eine Geste zwischen Zuneigung und Berechnung. Die Einladung kam ihr mehr als gelegen. Während sie sprach, formte sich in ihrem Inneren bereits ein Plan. Wenn sie sich unauffällig verhielt und das richtige Gespür bewies, würde sich sicher eine Gelegenheit ergeben, mit Onkel Max ins Gespräch zu kommen – und vielleicht auch das eine oder andere Detail über Otto Wacker zu erfahren.

Ein paar Minuten später verabschiedete sich Grete und machte sich auf die Suche nach ihrem Architekten. Beim Gehen warf sie einen letzten Blick zurück: Die Witwe schob den Teller mit der erkalteten Suppe beiseite und winkte dem Kellner. Sie hatte wohl den Appetit darauf verloren. Grete hörte aus der Ferne noch ihre Stimme, wie sie ein Zitronentörtchen und einen Mokka bestellte.

27. MÄRZ 1927

Am folgenden Abend erschien Grete mit leichter Verspätung am Nürnberger Platz. Dort wurde ihr am Eingang der Mantel abgenommen, während ihr eine Bedienstete mit weißer Schürze und gestärktem Häubchen ein Gläschen mit einer dickflüssigen, senfgelb schimmernden Flüssigkeit überreichte. „Likör aus der fürstlichen Orangerie in Oranienbaum“, klärte die junge Frau pflichtbewusst auf, als müsse sie dafür Werbung machen.

Grete sah das Getränk misstrauisch an und konnte sich nicht überwinden zu probieren. Mit dem Glas in der Hand spazierte sie los, durchschritt das taubenblau tapezierte Kaffeehaus, das nach seiner Umbenennung in Carlton mit modernen Bugholzmöbeln ausgestattet worden war, und hielt gezielt Ausschau nach Onkel Max. Sie hatte am Nachmittag extra ihre Haut mit Huile de Chaldée bronziert und anschließend mit Le Sien parfümiert, um im tief dekolletierten, bodenlangen Taftkleid eine gute Figur zu machen. Sie hielt den Blick gesenkt. Bloß nicht angesprochen werden. Nicht jetzt. Sie wollte keine Höflichkeiten, kein oberflächliches Geplauder – nicht nach diesem Gespräch mit Büning. Seine Worte hallten noch von gestern nach, bohrten unangenehm und hatten sie verstimmt. In Sacrow lief etwas aus dem Ruder, die Kosten explodierten. Sie musste Entscheidungen treffen. Keine kleinen. Fast ihr gesamtes Geld würde sie in das Haus stecken. Ihr Stolz, ihr Paradies, ihr „Hexenhaus“. Es würde teuer werden – teurer, als sie es sich eigentlich leisten konnte.

Tucholsky, der mit einem Monokel und einem Spazierstock mit Elfenbeingriff durch die Räume stolzierte, sah sie schon von Weitem. Sie nickte ihm freundlich zu, spürte seinen Blick auf ihrem Rücken, als sie weiterlief. Wusste er sie einzuordnen? In einem unbeobachteten Moment stellte sie das Getränk hinter einer Blumenvase ab, erleichtert, es loszuwerden. Mit der gebotenen Höflichkeit begrüßte sie das einladende Ehepaar, das sie kaum kannte. Als sie der Gastgeberin gegenüberstand, musste sie mit einem prickelnden Quäntchen Neid anerkennen, dass man sie wohl mit Fug und Recht eine Schönheit nennen konnte. Milchiger Teint, feine Gesichtszüge und rabenschwarzes, gekräuseltes Haar verbanden sich mit einer zarten, von einem körpernahen Seidenkleid umspielten Figur zu einer aparten Erscheinung. Nach einem kurzen Austausch höflicher Floskeln beeilte sich Grete, ihre Suche nach Max fortzusetzen. Veranstaltungen, die vor allem der Selbstbeweihräucherung und Selbstdarstellung dienten, waren ihr zutiefst zuwider.

Im Kaminzimmer, umringt von einer Gruppe älterer Herren in dunklen Abendanzügen, entdeckte sie endlich das vertraute Gesicht ihres Onkels – mit dem markanten, schwarzen Schnauzbart. In angeregte Unterhaltung vertieft, lehnte er am Kamin, die Weste sorgfältig zugeknöpft, die bordeauxrot gestreifte Fliege makellos gebunden. Auf dem Sims standen gefüllte Weingläser und ein Porzellanteller mit Kanapées. Von Weitem drang lautes Lachen zu ihr herüber. Als sein Blick sie traf, erstarb sein Lächeln für einen Moment – nur um kurz darauf umso herzlicher wieder aufzublühen.

„Grete! Du hier?“, rief er laut aus und streckte ihr freudig die Hand entgegen. Er drückte ihr einen feuchten Kuss auf die Stirn. „Ich wusste nicht, dass du kommst.“

Im nächsten Moment unterbrach die Ansprache des Gastgebers das angefangene Gespräch. Den Ehrengast bat man nach vorne zum Rednerpult.

Erst am fortgeschrittenen Abend, als ihr Onkel im Begriff war zu gehen, um einer weiteren Abendverpflichtung nachzukommen, gelang es Grete noch einmal, seine Aufmerksamkeit auf sich ziehen. Ihre Frage nach Otto Wacker, die sie hastig stellte, um die Gelegenheit nicht ungenutzt verstreichen zu lassen, beantwortete er einsilbig und erklärte, nur Ottos Vater Hans flüchtig zu kennen, ihn selbst aber nicht. Grete erfuhr, dass Hans Wacker ein Kollege ihres Onkels war und mehrere erwachsene Kinder hatte.

„Hans ist ein braver Kerl. Ein bisschen schrullig vielleicht, aber ansonsten ganz in Ordnung", sagte er. „Wir sind uns immer mal wieder über den Weg gelaufen. Er malt herrliche Segelschiffe. Sehr stimmungsvoll. Das schätze ich. Ich bewundere seine Boote, die er bei Wind und Wetter geschickt in Szene zu setzen versteht. Atmosphärisch sehr dicht. Er wohnt mit der Familie seit Kurzem abgeschieden in Ferch am Schwielowsee, wurde mir kürzlich zugetragen."

Gretes Bericht über das Angebot Otto Wackers für eine Van-Gogh-Ausstellung, brachte ihn ins Schwärmen.

„Wende dich an Jacob-Baart de la Faille", empfahl er.

„Soviel ich weiß, gilt er als Experte, wenn es um Vincent van Goghs Werk geht. Seit Jahren, heißt es, arbeite er am Werkverzeichnis. Man sagt, er kenne jedes Bild, jeden Strich, jedes Detail – und die meisten seiner Sammler persönlich." Er kratze sich am Bart und ergänzte: „Auch der gute Meier-Graefe ist ein ausgewiesener Kenner van Goghs. Aber da erzähle ich dir sicher nichts Neues."

Grete dachte an seine Monografie, die sie vor Jahren gelesen hatte. Sie hatte das hoch gelobte Buch zu Weihnachten von ihren Eltern geschenkt bekommen. Soweit sie wusste, war es die erste Biografie über den holländischen Maler überhaupt gewesen. Mittlerweile galt das Buch als Standardwerk. Vermutlich, das ging ihr in diesem Moment durch den Kopf, hatten die Eltern es damals auf Anregung ihres Onkels erworben, denn sie waren zwar an Kunst und Kultur interessiert, kannten sich aber mit den aktuellen Debatten in der Kunst nicht aus.

„Obwohl Autodidakt, ist Meier-Graefe eine Instanz auf dem Gebiet der impressionistischen Malerei", sagte Liebermann nachdenklich. „Er besitzt die kostbare Gabe, mit analytischem Feinfühligkeit Texte zu schreiben, die den stimmungsvollen Ton einer Feierstunde treffen. So mancher studierte Kunsthistoriker dürfte vor Neid erblassen."

Und war es nicht eben dieser Meier-Graefe gewesen, der van Gogh hierzulande überhaupt erst ins Bewusstsein gerückt hatte? Seine wachsende Popularität ließ sich kaum von dessen leidenschaftlichem Einsatz trennen. Unermüdlich hatte er in Zeitungsartikeln und wortgewaltigen Aufsätzen für ihn geworben, ihn zum Prototyp des romantischen Malergenies stilisiert – verkannt von einer verständnislosen Umwelt. Er pries das Temperament, das manisch Getriebene, unterstellte ihm gar, seine Werke im blinden Taumel auf die Leinwand geschleudert zu haben. Auf diese Weise hatte sich in der Öffentlichkeit ein Bild verfestigt, das bald mehr als nur eine Deutung war: der Mythos des Malergenies. Und doch hegte Grete Zweifel, ob er geeignet war, sie bei der Vorbereitung der Ausstellung zu unterstützen. War er nicht zu besessen, zu fanatisch, um die nötige Objektivität zu wahren?

„Meinst du, Meier-Graefe wäre der Richtige, um ihn als Gutachter für unser Ausstellungsprojekt zu gewinnen?", fragte Grete, um ihre Zweifel auszuräumen. „Unbedingt", antwortete Max ohne Zögern. „Ja, er mag in einzelnen Punkten leidenschaftlich und parteiisch sein – aber gerade diese Leidenschaft ist ein Gewinn. Meier-Graefe hat van Gogh vor Jahren über die Grenzen der Niederlande hinaus erst bekannt gemacht. Seine Begeisterung ist ansteckend und kann einer Ausstellung das nötige öffentliche Interesse verschaffen."

Er blickte Grete direkt an. „Objektivität ist wichtig, doch wer könnte die Werke kraftvoller ins Gespräch bringen als jemand, der für sie brennt? Er ist besessen von van Gogh. Holt ihn dazu. Ihr müsst nicht alles, was er sagt, für bare Münze nehmen – aber seine Stimme würde eurer Schau Gewicht verleihen."

Er trat vor, als wäre er aus einem Traum erwacht; das Stimmengewirr der Gäste störte ihn plötzlich. Mit prüfender Hand richtete er seine Fliege. „Ich selbst schätze van Gogh seit Langem aus eigener Anschauung. Seit über zwanzig Jahren hängt sein Spätwerk *Weizenfeld mit Kornblumen* in meinem Wohnzimmer in Wannsee.

Sein Anblick freut mich jedes Mal aufs Neue. Also: Fragt Meier-Graefe. Wenn er einmal Blut geleckt hat, wird er sich mit aller Kraft einsetzen – und das ist genau das, was ihr für diese Ausstellung braucht." Eindringlich blickte er Grete ins Gesicht. „Aber passt auf, nicht als Spielfiguren auf dem Schachbrett seiner Ambitionen missbraucht zu werden."

Dann drückte er Grete das leere Glas mit einem Lächeln in die Hand, nickte ihr zu und eilte in Richtung der Garderobe. Grete blieb mit gemischten Gefühlen zurück und sah ihm nach – viel Neues hatte sie über Wacker nicht erfahren. Was ihr blieb, war die vage Hoffnung auf weitere Erkenntnisse, die Feilchenfeldt in Aussicht gestellt hatte.

31. MÄRZ 2027

Elf Tage nach der Begegnung mit Feilchenfeldts Schulfreund Harry ließ dieser von sich hören. Um die Mittagszeit trat er ein, unangekündigt, mit Strohhut und Spazierstock, als wolle er persönlich den Frühling einladen, und traf zu seinem Glück Grete und Feilchenfeldt an, um von seinem Treffen mit Heinrich Zille zu berichten.

Feilchenfeldt, der Grete zuvor anvertraut hatte, dass sein Freund zu ausufernden Erzählungen neige, sobald er Publikum wittere, ärgerte sich insgeheim über ihre Anwesenheit – und darüber, das Mittagessen in einem der umliegenden Kaffeehäuser ausfallen lassen zu müssen.

„Wie gewohnt", leitete Harry seine Schilderung ein, kaum hatte er sich auf einen der Van-de-Velde-Stühle niedergelassen, „versuchte ich, Zille in seiner Wohnung in der Sophie-Charlotten-Straße auf gut Glück anzutreffen. Leider ohne Erfolg. Ich klopfte in unserem verabredeten Rhythmus an. Nichts. An seiner Tür hängt seit Jahren ein vergilbter Zettel: ‚Bitte keinen Besuch. Bin krank!'"

Grete spürte ein ungeduldiges Kribbeln in ihrem Bauch. Die ausschweifende Einleitung ließ sie ein mageres Ergebnis erahnen. Sie warf Feilchenfeldt einen skeptischen Blick zu – doch der hing gebannt an Harrys Lippen.

„Zille meinte einmal, er hätte lieber ‚Ich bin tot.' geschrieben. Der Briefträger riet ab – könnte Einbrecher anlocken. Schließlich fand ich ihn doch: Im Wirtshaus des Liqueurfabrikanten Wilhelm Hoeck, unweit seiner Wohnung. Ich sah ihn durch das Fenster – über einem Teller gebeugt. Rippchen mit Mohrrüben, sein Leibgericht, stand vor ihm. Er trug ein zerknittertes Hemd, schmutzigen Kragen, schlabberige Hosen. Auf Äußerlichkeiten gibt er keinen Pfennig mehr. Sein Bart tropfte vor Soße, die Haare standen wild vom Kopf. Statt Hochprozentigem trinkt er heute Fachinger. Nur ein Gläschen Cognac – sein Gummiarabikum – gönnt er sich täglich. Bier meidet er: ‚Ick kann nich mehr uffhören, wenn ick erst mal an de Molle bin‘, sagt er. Selbst beim abendlichen Bolzen, wie er sein Butterbrot nennt.“

Harry seufzte und strich sich mit der Hand über den Seitenscheitel. „Der alte Knabe hat sich in den letzten Jahren sehr verändert. Die ärztlich verordnete Abstinenz hat ihm die Lebensfreude geraubt. Er ist mürrisch geworden, zurückgezogen. Verständlich, wenn man ihn von früher kennt.“

Feilchenfeldt nickte, um Harry zu ermuntern fortzufahren.

„‚Haste Durscht?‘ fragte Zille mich plötzlich. Dann lotste er mich in die Katharinenstraße. Mit der Droschke nach Moabit, wo wir durch sein altes Klopfzeichen Zutritt zu einem Kellerlokal erhielten – ohne Namen, ohne Schild. Ein Bouillonkeller, getarnt als Kohlenlager. Drinnen Tabakqualm, flackerndes Licht. Junge Männer neben geschminkten Damen im besten Alter. Greise in Zweireihern auf klapprigen Stühlen, eng an jungen Dingern in billigen Kleidern. Eine Einäugige räumte uns Platz an der Theke. Eis gab‘s dort, sonst nichts Essbares. Und ihre ‚Hausiererliköre‘ – absurde Mixturen mit Rosen- und Zitronensirup. Angeblich gegen Alkoholsucht.“

Harry verzog das Gesicht, als hätte er in ein faules Ei gebissen. „Kaum hockten wir am Tresen, zog Zille schon Bleistift und Papier aus der Jackentasche. Und dann legte er los, wie im Rausch. Leichte Mädchen, schwere Jungs – sein ewiges Sujet. Traurige Gestalten, immer dasselbe Elend, und doch immer neu. Der kann nicht anders, er muss. Ist wie 'ne Sucht bei ihm, stärker als jede Droge. Zeichnen ist sein Blut, sein Atem. Man muss bloß aufpassen, dass ihn keiner für'nen Spanner hält. Plemplem ist noch das Mildeste, was hinter seinem Rücken getuschelt wird. Aber das stört ihn nicht. Zille zeichnet weiter. Unermüdlich. Das lässt er sich nicht nehmen.“

Feilchenfeldt, geduldig lauschend, stieß plötzlich hervor: „Und? Was hat er über Wacker berichtet?“

Grete hob die Augenbraue. Feilchenfeldts Bein wippte, seine Finger klopften nervös auf die Tischplatte. Seine Ungeduld war nicht zu übersehen.

Harry blinzelte, nestelte am Strohhut. „Zille erzählte, Wacker sei eng mit Claire Waldoff befreundet. Früher standen sie gemeinsam auf der Bühne. Die Waldoff im Mittelpunkt, mit ihren Gassenhauern, dem Ententanz. Und Otto? Zart gebaut, sprang er bei Tänzen ein, wenn Not am Mann war. Zille erinnerte sich, ihn in Frauenkleidern gesehen zu haben – wie er mit dem Hintern zum Takt der Musik wackelte. Von seiner Galeristentätigkeit wusste er allerdings nichts und war überrascht davon zu hören."

Feilchenfeldt stand auf, griff wortlos in den Schrank, nahm eine Flasche Absinth heraus und drückte sie Harry in die Hand.

Als der Dandy kurz darauf die Kunsthandlung verließ, schien er zufrieden – mit sich, mit der Welt und mit dem Ergebnis seiner Recherche.

Die Bilanz der beiden Geschäftsführer des Kunstsalons Paul Cassirer fiel ernüchternd aus. Heinrich Zille und Max Liebermann – zwei grundverschiedene Künstler, die einander dennoch respektierten – hatten über Otto Wacker kaum Verwertbares berichten können. Der junge Kunsthändler, dessen ungewöhnlicher Brotberuf als Tänzer ihn in eine geheimnisvolle Aura hüllte, blieb eine schwer fassbare, schillernde Figur.

Feilchenfeldt runzelte die Stirn, als sie wieder unter sich waren. Ein Ziehen ging durch seine Brust, als er daran dachte, wie wenig er über Wacker wusste – über dessen Vergangenheit, Verbindungen und Absichten. Ein diffuses Gefühl der Vorsicht mischte sich mit Neugier, obwohl sein Verstand ihn zur Zurückhaltung mahnte.

Grete, die still neben ihm auf dem Sofa saß, war nachdenklich. Auch sie konnte die Zweifel nicht ganz verdrängen – und doch war da etwas, das sie trotz allem nicht von Wacker loslassen konnte. Seine Mischung aus Selbstsicherheit, Charisma und Extravaganz wirkte auf sie wie ein Magnet, der sie gleichermaßen anzog und irritierte. Und wenn sie ehrlich war, reizten sie auch der Gedanke an eine Finanzspritze und die Aussicht auf öffentliche Aufmerksamkeit.

Ob der Wunsch, dem verstorbenen Paul Cassirer nachzueifern und mit einer kuratierten Einzelausstellung ein Zeichen zu setzen, ihre Urteilsfähigkeit trübte, wagte keiner von beiden offen auszusprechen. Jedenfalls entschieden sie sich an diesem Nachmittag – zehn Tage nach Wackers Besuch zur frühen Morgenstunde – dazu, die Van-Gogh-Ausstellung durchzuführen.

Noch am selben Tag machte sich Grete auf den Weg zu Wackers Galerie, um ihm die Nachricht zu überbringen. Während sie die paar Schritte um die Ecke ging, überlegte sie, wie sie ihre Worte setzen sollte – damit jedes Wort Gewicht, aber kein Übermaß hatte. Es lag ihr fern, sich durch Charme oder Äußerlichkeiten Gehör zu verschaffen; sie wollte sachlich sein, nicht gefallen.

Als sie Wacker schließlich gegenüberstand, war ihr Blick klar und offen. Sie sprach ruhig, fast beiläufig, doch jedes Wort saß. Von Nervosität keine Spur – nur der Wille, ihn nicht spüren zu lassen, wie attraktiv diese Ausstellung für ihre Kunsthandlung war. Wacker hörte aufmerksam zu, und als sie geendet hatte, spürte sie voller Genugtuung, dass er sie nicht nur als Überbringerin einer Entscheidung sah, sondern als ebenbürtiges Gegenüber.

„Großartig, dass Sie sich doch entschließen konnten", rief er strahlend und klatschte vergnügt in die Hände. Dann umarmte er sie spontan und hob sie ein Stück in die Luft. „Ich freue mich sehr. Wir werden das Kind gemeinsam schaukeln. Sie werden schon sehen."

Grete spürte, wie seine gute Laune ihre Wirkung entfaltete und sie in eine seltsame Mischung aus Mut und Leichtigkeit versetzte. Sie musste an Cassirer denken. An die merkwürdige Koinzidenz von van Goghs und Cassirers Todesart. Beide Männer waren – im Abstand von Jahrzehnten – viel zu früh an den Folgen selbst zugefügter Schussverletzungen aus dem Leben geschieden, eine Parallele, die sie gleichermaßen unheimlich wie bedeutsam fand. Ob das ein gutes Omen war? Suchte sie nach einem Zeichen, das ihre Entscheidung legitimierte? Von Euphorie getragen verkündete Wacker, zur Feier des Tages Champagner zu öffnen. Sie verzog keine Miene, wollte nicht unhöflich sein, und rang sich zu einem knappen Lächeln durch, das schnell wieder verschwand, da ihr nicht nach Alkohol war. Würde er ihr das Du anbieten? Der Gedanke war ihr unangenehm. Verbrüderung war nicht ihr Fall. Geschäftliches und Privates hielt sie konsequent getrennt – eine Haltung, die manche für Strenge hielten. In Wahrheit war es eine Form der Selbstdisziplin. Nähe macht verletzlich, hatte sie früh gelernt, und dass ein höflicher Abstand oft mehr Sicherheit bot als vermeintliche Vertrautheit.

Als Wacker kurz den Raum verließ, um Gläser und Flasche zu holen, nutzte sie die Gelegenheit, um ihre Kleidung zurechtzurücken, die aus einem giftgrünen Schleifstockrock mit passender Weste bestand, in der sie auch eine Gebirgswanderung hätte unternehmen können. Der Mann hatte Stil, das musste sie zugeben. Mit seinen guten Umgangsformen, seiner Ausstrahlung und seiner gewinnenden Art nahm er andere schnell für sich ein. Kein Wunder, dass sein Publikum von ihm schwärmte. Und dennoch fragte sich Grete, ob es klug war, sich mit einem Mann, den sie kaum kannte, auf ein derart umfangreiches Vorhaben einzulassen.

Wacker kehrte zurück, goss ein und reichte ihr eine Flöte Champagner. „Keine Sorge, Sie machen keinen Fehler“, sagte er mit der gelassenen Selbstgewissheit eines Mannes, der weiß, was er tut. „Wir kommen alle auf unsere Kosten. Davon bin ich fest überzeugt.“

Nach dem ersten Glas versprach er, die erforderlichen Herkunftsnachweise für die Werke zu beschaffen – eine Bedingung, auf die Grete bestanden hatte. Diese sollten an Jacob-Baart de la Faille weitergeleitet werden; nur der Name des Einlieferers blieb geheim. Als Grete erneut danach fragte, wurde Wackers Ton fest. „Geschäftsgeheimnis“, sagte er und wich ihrem Blick aus.

Der Tag der Eröffnung wurde auf den 12. Januar des kommenden Jahres festgelegt. Grete notierte den Termin gewissenhaft. Es war noch Zeit – doch sie spürte bereits den Druck der Vorbereitungen.

Wacker kündigte an, dass die vier Bilder aus der Schweiz erst knapp vor Ausstellungsbeginn eintreffen würden. Grete zögerte, nach dem Grund zu fragen – eine Zurückhaltung, über die sie sich später ärgerte.

„Versäumen Sie nicht, Hammer und Nägel bereitzuhalten – und Personal", scherzte Wacker, „damit wir notfalls in letzter Minute noch alles aufhängen können." Er lachte, doch in seinen Augen lag unverkennbarer Ernst. „Lieferungen aus der Schweiz sind heikel. Der Zoll ... das kann dauern. Die Beamten dort nehmen's genau – Öffnungszeiten, Mittagspausen, höflicher Ton. Ein falsches Wort, und es stockt." Er seufzte und schüttelte den Kopf, als hätte er diese Mühen schon zu oft erlebt.

Grete hörte schweigend zu, der Champagner prickelte noch auf ihrer Zunge, während sich im Kopf bereits eine Liste der anstehenden Erledigungen formte.

Otto Wacker trat ans Fenster und blickte der Galeristin hinterher. Er griff zur Flasche, goss sein Glas randvoll und trank in tiefen Zügen. Leicht schwankend begann er mit dem Glas in der Hand einfache Tanzschritte aus der Andachtsübung auszuführen. Sanft schaukelte er den Körper, wippte mit den Füßen, als Grete Rings Silhouette in der sternenklaren Nacht hinter einer Straßenecke verschwand.

Während ihres Besuchs hatte er sich zusammengerissen und den charmanten, gut gelaunten Gastgeber gegeben. Die Zusage zur Ausstellung hatte ihn erleichtert. Doch noch geschafft, endlich am Ziel, jubelte er innerlich und spürte, wie eine Last von ihm abfiel. Die Zusammenarbeit mit dem Hause Cassirer versprach Prestige und Sicherheit. Und würde in eine Zukunft führen, die er sich ersehnte – eine Zukunft aus Freiheit und Anerkennung, getragen von der stillen Gewissheit, es geschafft zu haben. Er seufzte, trank einen weiteren Schluck und spürte ein wohliges Gefühl im Bauch.

Doch da war noch etwas. Er musste wachsam sein, vorsichtig. Die Ring war nicht dumm. Sie hielt sich zwar mit Fragen zurück, doch ihre Blicke, dieses tastende, wache Beobachten, verrieten ihr Interesse an Dingen, die sie nichts angingen. Er würde eisern schweigen und sich nichts entlocken lassen.

Sie musste nicht wissen, dass ihm ein russischer Bewunderer – ein langjähriger Bekannter aus dem Blüthner-Saal – ein Darlehen von dreißigtausend Mark gewährt hatte. Ebenso wenig, dass sein ehemaliger Liebhaber ihm zehntausend Mark anvertraut hatte, im festen Glauben an Ottos kaufmännisches Geschick. Mit diesem Geld hatte er im Vorjahr seine Kunsthandlung eröffnet, die ihn monatlich dreitausend Mark kostete. Auch Erich gegenüber verschwieg er die finanzielle Belastung, um ihn nicht zu beunruhigen.

Nicht nur die Neugier der Ring an seinen Geldquellen störten ihn. Auch ihr Interesse am Eigentümer der ausgestellten Werke empfand er als bedrohlich. Da hatte sie mehrfach nachgehakt. Zwar wusste er, dass die Besitzgeschichte von Kunstwerken zu ihrem Beruf gehörte, aber er wollte sich nicht in die Karten blicken lassen und fühlte sich unwohl dabei, als würde sie mit jeder Frage ein Stück näher an etwas rücken, das verborgen bleiben musste. Er war in diesen Situationen ausgewichen und hatte das Gespräch auf andere Dinge gelenkt, in der Hoffnung, dass sie das Thema fallen ließ. Trotz allem lächelte er zufrieden vor sich hin, stellte das Glas zurück auf den Tisch und drehte eine Pirouette. Die Ring konnte sich an seiner Verschwiegenheit die Zähne ausbeißen – lieber biss er sich die Zunge ab, als seine einträgliche Einnahmequelle preiszugeben. Ein Juchzer entwich seiner Kehle, er drehte sich schneller, stellte sich auf Zehenspitzen, verlor sich im Rausch der Bewegung. Schließlich sank er auf einen Stuhl, atmete schwer. Schwindel überkam ihn. Er knöpfte sein Hemd auf, zog den Tisch näher, stützte sich mit den Ellbogen ab.

Seine Gedanken wanderten zu seiner Familie. Er hatte sie lange nicht mehr gesehen. Sollte er nach Ferch fahren? Sie besuchen? Plötzlich fiel ihm ein: Erich würde gleich kommen, um ihn abzuholen.

Otto eilte ins Bad, riss sich die Oberkleidung vom Leib und seifte sich hastig über dem Waschbecken ein. Das Wasser war zu heiß, der Spiegel beschlug. Für einen Moment hielt er inne und glitt zurück in Gedanken.

Lange hatte sein Leben aus Entbehrungen bestanden. Erst seit Kurzem erntete er die Früchte seiner Mühen. Stolz ließ er den Blick durch die offen stehende Tür schweifen, hinüber in die prächtigen Räume seiner Galerie. Während er sich etwas Duftwasser auflegte, lag ein zufriedenes Lächeln auf seinen Zügen.

Doch dann kam sie zurück – nicht als Gedanke, sondern wie ein Griff in die Brust: die Kindheit. Von klein auf hatte er mit anpacken müssen, als drittes von fünf Kindern. Talent zum Malen war ihm nicht in die Wiege gelegt worden, anders als seinen Geschwistern. Sein Vater Hans, ein mäßig erfolgreicher Kunstmaler, hatte jeden Pfennig doppelt zählen müssen. Geld war immer knapp gewesen, das Leben eng getaktet, ohne Spielraum.

Sonntage hatten gleich geschmeckt: Kartoffelsalat und ein halbes Würstchen für die Kinder, ein ganzes für die Eltern. Er sah es noch vor sich – dieser matschige Brei aus Zwiebeln, mehligen Kartoffeln, säuerlichen Apfelstücken. Bis heute stieg Ekel in ihm auf, wenn er daran dachte. Einen echten Sonntagsbraten, wie ihn andere Kinder kannten, hatte er in seinen ersten zehn Jahren nie gesehen. Damals hatte er geschworen: Nie wieder Hunger. Nie wieder Abhängigkeit.

Ein Schauer riss ihn zurück. Wasser plätscherte.

Er fuhr herum. Irritiert starrte er ins Waschbecken – der Hahn stand noch immer offen. Das Wasser lief bereits über den Rand, rann über seine Hände und an seinen Beinen hinab. „Verdammt", presste er hervor, griff nach dem nächstbesten Handtuch, warf es über das Becken und in die Pfütze zurück.

Er zog sich an, hastig, fast ärgerlich – und da kam er wieder: der Moment, in dem seine Eltern begriffen hatten, dass in seinem schlanken Körper Rhythmus lag.

Mit zehn Jahren hatte er begonnen zu tanzen. Erst auf den Straßen von Den Haag, später auf den Varietébühnen Berlins und schließlich in den privaten Salons seiner Gönner. Applaus, Licht, Bewunderung – sie hatten ihn geformt.

Der Erfolg schmeichelte ihm. Manchmal bemerkte er Anflüge von Arroganz in sich. Aber vielleicht war das das Beste daran: Er bemerkte sie noch.

Türklingeln riss ihn aus seinen Gedanken. Otto sprang aus dem Bad. Erich stand vor ihm – sie umarmten sich innig. Die Heimlichtuerei zwischen ihnen war zermürbend. Nie zeigten sie sich gemeinsam in der Öffentlichkeit. Erich bestand auf Diskretion, trat höchstens als Cellist bei Ottos Auftritten in Erscheinung.

Otto griff nach der angebrochenen Flasche Champagner, schenkte ein und berichtete von der Zusage zur Ausstellung. „Wenn das kein Grund zum Feiern ist!“, begeisterte sich Erich und prostete ihm zu.

Otto erzählte von seinem Besuch bei Cassirer, den er ihm verschwiegen hatte, um keine falschen Erwartungen zu wecken. Von der Reaktion der Ring, die kühler ausgefallen war, als er erwartet hatte. Dass er sich hatte Mut antrinken müssen, um dort überhaupt aufzutauchen – und vermutlich keinen guten Eindruck hinterlassen hatte. Und vom Hoffen und Bangen, dass sein Vorschlag Gehör finden würde, oder sogar Zustimmung. Dass all das Wagnis, die Vorbereitung, der ganze Mut am Ende nicht an einer kühlen Ablehnung zerschellen würde. Und er erzählte von Grete Ring, von ihrem kühlen Verhalten, von ihrer spürbaren Skepsis seinem Angebot gegenüber – als hätte sie es nicht aus Interesse, sondern eher aus höflicher Pflicht angehört.

Otto hielt inne. Ein kurzer Moment der Stille, als hätte sich die Luft um ihn verdichtet. Ein Stich fuhr ihm durch die Brust, als er sich die Qualifikationen Grete Rings vor Augen führte. Ihre Fachkenntnis, ihr Urteilsvermögen, ihre Einschätzung. Ihr akademischer Werdegang erinnerte ihn an seine eigenen Bildungslücken; ihre Überlegenheit nagte an ihm. Das war ein wunder Punkt in ihm.

Plötzlich stand er auf, lief in die Küche und kippte den Champagner in die Spüle. Er öffnete das Fenster, ließ die kühle Nachtluft herein. Dann stellte er einen Kessel Teewasser auf den Herd.

„Warum hast du dir ausgerechnet die Kunsthandlung Cassirer für deine Geschäfte ausgesucht?“, rief Erich ihm aus dem Wohnzimmer entgegen.

„Weil sie einen exzellenten Ruf genießt. Modern, unkonventionell – das Haus gilt als ein Forum für Gegenwartskunst. Der Gründer Paul Cassirer hatte Mut: 1914 zeigte er eine große Van-Gogh-Ausstellung. Mein Vater war damals begeistert.“

Otto wurde leise. „Ich hatte nur nicht erwartet, auf einen so harten Brocken wie die Ring zu treffen. Ich fühlte mich wie ein Bittsteller, als ich vor ihr stand. Und mein Zustand ... naja, der war der Situation vermutlich nicht sehr zuträglich." Er schüttelte den Kopf. „Umso mehr freut es mich, dass sie sich doch noch entschlossen hat." Das Wasser kochte. Otto goss den Tee auf und sah in Erichs nachdenkliches Gesicht.

„Erinnerst du dich, wie der Kaiser früher gegen die französische Malerei wetterte?", fragte Erich. „Mit seiner Entourage zog er durch die Nationalgalerie, machte kein Hehl aus seiner Verachtung und ließ es sich nicht nehmen, die Hängung zu kritisieren und zu verhöhnen. Peinlich war das – ungemessen."

Otto stellte die Kanne ab, hielt kurz inne und ergänzte: „Und doch ist es immer dasselbe: Was verboten oder verspottet wird, gewinnt an Reiz. Plötzlich strömten die Besucher nur so herbei." Er goss den Tee in die Tassen. „Zucker?" Erich verneinte.

Otto nahm Sahne und verbrühte sich fast den Mund beim ersten Schluck. Er stellte die Tasse zurück und begann wieder zu tanzen.

Erich beobachtete ihn. Sie teilten die Leidenschaft für den Tanz, auch wenn Erich lieber zusah als aktiv zu sein. Otto spürte den Alkohol im Blut. Seine Bewegungen wurden wilder, kraftvoller – zwei Schritte vor, drei zurück, Drehung rechts, links, Plié, Glissade. Doch plötzlich stoppte er, klammerte sich an den Tisch. Schwindel. Er ließ sich zurück auf den Stuhl fallen.

Er sehnte sich nach der Bühne, nach Licht, Musik und Bewegung. Seine Übungen kamen in letzter Zeit zu kurz. Vor ein paar Wochen hatte er mit eigenen Choreografien begonnen – zu Bach, Beethoven, Bartók, Hindemith. Doch Reisen, Galeriebetrieb, Termine raubten ihm Zeit.

„Solange das Eisen heiß ist, muss man es schmieden", hatte Erich gesagt, als die Galerie eröffnet wurde.

Daran hielt Otto fest. Noch. Aber irgendwann, bald vielleicht, würde er tanzen – nur noch tanzen, für sich privat, ohne Druck.

Sollte alles nach Plan weitergehen, könnte er sich bald den eigenen Interessen widmen, im Strandkorb komponieren, Schritte ausprobieren, Tänze arrangieren.

17. APRIL 1927

„Bin froh, dass wir die Ausstellungsvorbereitung delegieren können", bemerkte Grete beim wöchentlichen Jour fixe. Sie saß mit Feilchenfeldt am späten Nachmittag bei Tee und Napfkuchen in der winzigen Küche der Galerie. Assam dampfte aus der Kanne, Kandis und Sahne standen auf einem Tischchen neben der Spüle und ließ darüber hinwegsehen, dass ihr Lehrmädchen vergessen hatte, Kaffeebohnen zu besorgen.

Sie hatten vereinbart, an diesem Tag das weitere Vorgehen zu besprechen. Viel Zeit blieb nicht für die Raumplanung, die Kostenkalkulation, die Organisation der Leihgaben und die Logistik, wenn sie die Ausstellung als Höhepunkt im Berliner Kulturbetrieb inszenieren wollten.

Zweifel am Entschluss zur Durchführung der Ausstellung hatte Grete bewusst verdrängt. Die Gedanken an die Aufmerksamkeit, die sie damit erregen würden, die Sichtbarkeit ihrer Galerie und die Reputation, die damit verbunden waren, ließen keine Unsicherheit zu. Vor allem aber überwog die Aussicht auf neue Kundschaft, wirtschaftlichen Erfolg und die Chance, die Galerie wieder in der Kunstwelt sichtbar zu machen – auch wenn der Aufwand hoch und das Risiko nicht unerheblich war.

Den niederländischen Van-Gogh-Spezialisten Jacob-Baart de la Faille hatte Grete bereits kontaktiert und sich seiner Mitarbeit versichert, bevor sie Wacker die Zusage zur Ausstellung gemacht hatte. Seine schützende Expertise sollte das Projekt absichern und zugleich ihr Arbeitspensum verringern. Gegen eine entsprechende Aufwandsentschädigung hatte sie ihn gebeten, passende Leihgaben aus Privatbesitz zu beschaffen, um die vier zum Verkauf stehenden Werke aus der geheimnisvollen Schweizer Sammlung in bestmöglichem Licht erstrahlen zu lassen. Der perfekt Deutsch sprechende Kunstexperte wusste ihrer Ansicht nach am besten einzuschätzen, welcher Sammler sich für die Inszenierung einer solchen Leistungsschau vorübergehend von seinen Schätzen trennen mochte und welcher nicht. Immer wieder hatte er stolz auf seine guten Kontakte zu namhaften Privatsammlern hingewiesen. De la Faille pflegte Umgang zur Familie des verstorbenen Malers und prahlte damit, den besten Überblick zu haben, in welchen Sammlungen van Goghs Werke hingen. Seine Expertise verleihe der Ausstellung Seriosität und untermauere sie mit einem wissenschaftlichen Fundament, argumentierte Grete gegenüber Feilchenfeldt. Dadurch ließen sich Zeit und Kosten sparen, während die Organisation schlank blieb; sie hielt die Lösung insgesamt für lohnend, da man sich selbst entlasten und die eigenen Kapazitäten für die Erledigung anderer Aufgaben nutzen könne.

„Ganz schön eitel, der Gute", kommentierte Feilchenfeldt, der mit dem Niederländer den Vertrag ausgehandelt hatte. „Hoffentlich überschätzen wir ihn nicht, und das Projekt wird nicht zur Enttäuschung. Der Mann plustert sich reichlich auf. Wusstest du, dass ihn seine Monopolstellung zu einem wohlhabenden Mann gemacht hat? Ohne ein Gutachten aus seiner Hand kann man, fürchte ich, das Wagnis einer Vincent-van-Gogh-Gemäldeausstellung gar nicht eingehen. Angeblich, so erzählte mir ein Mitarbeiter der Galerie Alfred Flechtheim, gibt er sogar damit an, als Kunstvermittler für unser Haus tätig zu sein. Offenbar erweckt er den Eindruck, in unserem Namen zu handeln und über besondere Verbindungen zu uns zu verfügen. Gockelhaftes Verhalten nenne ich das."

Feilchenfeldt griff in sein moosgrünes Lederetui, zog eine Zigarre heraus und befeuchtete den Kopf mit Spucke. Mit einer Selbstverständlichkeit, als sei der Raum allein ihm vorbehalten, klemmte er die braune Stange zwischen die Lippen. Ein Ruck. Ein Streichholz. Er strich über die Reibefläche und hielt die Flamme lange, fast demonstrativ an das Ende der Zigarre, bis sie aufglühte. Dann zog er mehrfach kräftig, bis das Paffen in einen gleichmäßigen Rhythmus überging. Binnen Sekunden stiegen Nebelschwaden auf. Ein süßlich-beißender Geruch breitete sich aus, ohne dass er auch nur eine Geste des Respekts erkennen ließ. Grete hüstelte, wandte ihren Kopf ab und spürte aufsteigenden Ärger über diese demonstrative Rücksichtslosigkeit. Intuitiv rückte sie ihren Stuhl ein wenig zurück, näher zur offenen Tür.

Erst dann begann sie, von ihrem Treffen mit Julius Meier-Graefe zu berichten – einem Besuch, den sie dank der Empfehlung ihres Onkels kurzfristig in dessen Wohnung in der Hektorstraße hatte arrangieren können, um ihn als Zweitgutachter zu gewinnen. „Mit Meier-Graefe geht es mir nicht viel anders als dir mit de la Faille", erklärte sie. „Äußerst resolut ist der Mann und ungeheuer selbstbewusst. Mir fiel fast die Kinnlade runter, als er allen Ernstes behauptete, van Gogh sei Anarchist. Ob ich Meier-Graefes berühmten Aufsatz mit der provokanten These kenne, wollte er wissen. Als ich verneinte, musste ich ihn nicht lange bitten, mir den Text auszuhändigen. Er fühlte sich von meinem Interesse geschmeichelt. Persönlichkeiten wie er ...", Grete brach mitten im Satz ab und verdrehte die Augen, „sind schlicht eitel."

Feilchenfeldt blies behutsam Rauchringe in die Luft und sah dabei zu, wie die ungleichmäßigen, grauen Kreise immer höher stiegen und sich schließlich verflüchtigten.

Dass sich Gretes Gesicht verfinsterte, bemerkte er nicht. Der Qualm, der schwere Geruch, legte sich wie ein Schleier über den Raum. Gretes Unmut wuchs, doch sie hielt sich zurück. Das Rauchen war eine seiner wenigen Schwächen – und sie hütete sich, das feine Gefüge ihres vertrauensvollen, persönlichen Verhältnisses zu gefährden.

„Hier, sieh mal, Feilchen, was für ein leidenschaftliches Pamphlet! Ich habe den Text extra mitgebracht, damit du dir ein Bild machen kannst." Sie zog ein dünnes, unscheinbares Heftchen aus der Mappe auf dem Küchentisch und schwenkte es durch die Luft. „Darin pathologisiert und dämonisiert Meier-Graefe Vincent van Gogh und seine Arbeit. Hör zu, ich lese dir einen Ausschnitt vor. Seine Sprache hat eine Wucht, das ist wirklich beeindruckend. Wenn man ihn liest, kann man verstehen, warum seine Publikationen polarisieren und so heftige Reaktionen auslösen."

Grete schlug die Schrift auf und blätterte zu den markierten Stellen. „Er schreibt von schauerlichen Malexzessen, in denen Farbe wie Blut umherspritzt. Von lodernden Wolken, zerstörerischen Sonnen und Bäumen, die, entsetzt zum Himmel aufschreiend, mit ihm eins werden." Sie blätterte weiter, bis sie fand, wonach sie suchte, und hob die Stimme zum Lesen: „Seine Bilder sind anarchistisch. Van Gogh ist der stärkste Gegensatz jener staatserhaltenden Kunst, die das Haus des friedlichen Bürgers zu schmücken vermag. Er zerstört es. Hier mag er als der brutale Barbar erscheinen, der jede Rücksicht auf das Gesetz der Wohnung ablehnt."

Feilchenfeldt lächelte. Die Zigarre schien vergessen, die Glut war erloschen, der Stummel klemmte locker zwischen seinen Fingern. „In der Tat mutig formuliert", sagte er. „Ich vermisse allerdings die Angabe der Quelle des vermeintlich authentischen Augenzeugens. Die bleibt er seinen Lesern schuldig. Findest du nicht auch? Dass er eine blühende Fantasie besitzt, fabelhaft formulieren kann und über brillante kunsthistorische Kenntnisse verfügt, steht dabei außer Frage."

„Er tritt sehr selbstbewusst auf", bemerkte Grete. „Lässt sich von Kritik nicht einschüchtern. Das zeigt Charakterstärke. Obwohl er Ingenieurwesen studiert hat, tritt er als Vertreter der Sezessionisten und als Sachverständiger auf. Wusstest du, dass er seit Jahren zwischen Paris und Berlin pendelt?"

Feilchenfeldt nickte, sagte aber nichts.

„Hier wurde er lange als Vaterlandsverräter beschimpft, weil er gegen den wilhelminischen Geschmack und die Kunstpolitik des Kaisers polemisierte."

Grete strich den Stoff ihres knielangen Rocks glatt. „Das hat ihn mürbe gemacht", sagte sie leise und sah dabei nicht auf. „Ich vermute, dass er genug von den ewigen Anfeindungen hatte und sich deshalb entschloss nach Paris zu gehen, wo er unerkannt durch

Straßen flanieren kann, ohne sich von Fremden anfeinden und beleidigen zu lassen."

Sie hielt kurz inne, fuhr mit den Fingern eine unsichtbare Falte entlang und lächelte schmal, fast entschuldigend. „Dort", fügte sie hinzu, „ist er nur einer unter vielen. Vielleicht ist es das, was er will."

„Mag sein, dass der Vorwurf des Dilettantismus an ihm nagt", sagte Feilchenfeldt. „Als Autodidakt ohne Kunstgeschichtsstudium ist es schwer, ernst genommen zu werden. Obwohl Experten wie Professor Wölfflin ihm vertrauen und sein Urteil schätzen, zweifeln andere Kollege an seiner Kompetenz. Bemerkenswert ist, wie konsequent Meier-Graefe gegen den etablierten Kunstgeschmack vorgeht und sich nicht um die Meinungen anderer schert."

Ein leises Klopfen an der Tür unterbrach das vertrauliche Gespräch. Eine Mitarbeiterin benötigte Gretes Unterschrift für einen Kaufvertrag.

„Meyer-Graefe verfügt über einen ausgezeichneten Instinkt", ergänzte Feilchenfeldt, als die junge Frau den Raum wieder verlassen hatte. „Seine exzellenten Kenntnisse, die er sich im Alleingang angeeignet hat, werden uns hoffentlich noch von Nutzen sein. Mir ist jedenfalls jemand mit echter Begeisterung tausendmal lieber als ein studierter Kunstkenner, dem es an Feuer fehlt."

Grete hatte Feilchenfeldts Worte noch im Ohr, als sie an ihren Arbeitsplatz zurückkehrte. „Der Mann verfügt über einen ausgezeichneten Instinkt ..." Ja, das stimmte wohl. Aber reichte das für ihre Zwecke?

Die Geschäftsführung der Galerie Cassirer überließ die Vorbereitungen zur Van-Gogh-Ausstellung vertrauensvoll den beiden Experten Julius Meier-Graefe und Jacob-Baart de la Faille – eine Entscheidung, die Grete und Feilchenfeldt dringend benötigte Luft verschaffte. Ihre Aufgaben ließen ihnen kaum Zeit zum Durchatmen: Einlieferungen mussten beschrieben, Gutachten erstellt, Korrespondenzen geführt, Rechnungen kontrolliert werden. Außerdem stand die Sylt-Reise bevor. Die Arbeit türmte sich, ungelöste

Altlasten vergangener Jahre lagen wie Trümmer im Weg. Der Suizid Paul Cassirers hatte eine Lücke gerissen, die bis heute nicht vollständig geschlossen war. Gemeinsam hatten sie entschieden, einige Geschäftszweige zurückzufahren – ein Schritt, der unumgänglich war, wenn auch nicht ohne Widerspruch. Besonders der Entschluss, die Abteilung Expressionismus – mit Ausnahme von Beckmann und Kokoschka – zu streichen, traf bei vielen einen empfindlichen Nerv und ließ Enttäuschung und Verstimmung in manchem Kundenblick aufblitzen. Aber es war unausweichlich gewesen. Sie mussten sich fokussieren.

Die Zeit des großen Auftritts war vorbei. Der Glanz vergangener Tage, als die Galerie mit ihren schillernden Auktionen die feine Gesellschaft anzog, war verblasst. Paul hatte immer geklotzt, nie gekleckert – Champagner, Kanapées, ein Publikum, das so elegant wie kunstsinnig war. Was einst ein Markenzeichen gewesen war, gehörte nun der Vergangenheit an. Seit 1910 waren die Auktionen gesellschaftliche Ereignisse gewesen – Marmorsaal, Esplanade, florale Dekorationen, lange Gästelisten, das Flair der Pariser Salons. Man flanierte, rauchte im Vorraum, trank Mokka – mit einem Ohr beim Auktionator, mit dem anderen beim Klatsch. Paul war der Mittelpunkt. Immer unter Beobachtung von Agenten, Schöngeistern, Damen der besseren Gesellschaft. Er konnte mit einem Blick verkaufen. Leidenschaft in Kaufkraft verwandeln war Cassires eigentliches Talent.

Und dann kam der Tag, der alles änderte. Pauls Ehefrau Tilla Durieux mied sie bis heute. In Gretes Augen trug sie mindestens Mitschuld. Sie konnte den Moment noch genau abrufen – diesen eisigen Januartag, mitten im Scheidungstermin, von dem ihr erzählt worden war. Paul stand auf, verließ den Saal, ging in den Nebenraum. Die Pistole. Der Schuss. Als die Durieux zu ihm eilte, rief er noch: „Nun bleibst du aber bei mir!“ Und dann … nur noch Blut.

Wenige Tage zuvor hatte Cassirer Grete unter Tränen erklärt: „Ich kann es nicht ertragen, dass sie mich verlässt. Sie ist die Liebe meines Lebens." Er, der selbst nie treu gewesen war, jede Affäre als Nebensache abtat. Und doch: sein Stolz, sein Innerstes, tödlich verletzt. Die Ehe bestand noch. So fiel ein Großteil seiner Sammlung an die Durieux – zum Entsetzen seiner Familie. Feilchenfeldt sagte später, es sei nicht bloße Eifersucht gewesen. Paul sei empfindsam bis zur Schmerzgrenze gewesen. Vielleicht war es genau das – eine einzige Kränkung zu viel. Eine Wunde, die keiner kannte.

Für Grete war es eine Mahnung gewesen. Keine Abhängigkeit. Keine Tränen. Keine Männer. Ihr Lebensentwurf beruhte auf Unabhängigkeit – ohne emotionale Exzesse. Stattdessen stürzte sie sich in die Arbeit, mit Hingabe, Ehrgeiz und Freude am Lernen und der Abwechslung. Zwischen ihr und Feilchenfeldt herrschte ein unausgesprochenes Prinzip: Er übernahm die Erstellung der Kataloge, sie die Kundenkontakte und Reisen.

Feilchenfeldt arbeitete pedantisch, beinahe obsessiv. Wenn er an seinem Schreibtisch saß und in stiller Versunkenheit Maß, Technik und Zustand eines Kunstwerks beschrieb, sah Grete in ihm den Berufenen. Er war zum Herzstück der Auktionen geworden; sie selbst betrachtete sich als Rückgrat des Unternehmens. Gemeinsam hatten sie Cassirers Erbe gestützt und getragen. Einziger Wermutstropfen: Die Mittel reichten nicht für mehr Personal. Viel Büroarbeit blieb an ihnen hängen – Zeit, die sie lieber in wissenschaftliche Texte gesteckt hätte.

Grete begegnete bei ihren Kundenbesuchen Persönlichkeiten aus den höchsten Gesellschaftsschichten. Ihr Spezialgebiet waren die niederländische Kunst und deutsche Handzeichnungen. Doch was sie in den vornehmen Häusern erlebte, verlangte ein Höchstmaß an Diskretion: Intrigen, Drohungen, verstörende Einsichten. Immer wieder vertraute sie Feilchenfeldt ihre Erschütterung an – wohl wissend, dass nur er die seelische Belastung durch die Abgründe hinter glänzenden Fassaden wirklich verstand.

Grete wusste: Im Kunsthandel ist Diskretion das höchste Gut. Sie schwieg, wo andere tuschelten, und lächelte, wo andere sich empörten. Ihre Zurückhaltung war keine Schwäche; sie war Kalkül, Überlebensstrategie, Ausdruck von Würde. Inzwischen war sie mit Leib und Seele im Kunsthandel angekommen. Die Galerie Cassirer zu stabilisieren – vielleicht sogar auszubauen – empfand sie als eine Verpflichtung. Aus Dankbarkeit gegenüber dem Mann, der ihr als Einziger die Chance gegeben hatte, sich in einer von Männern dominierten Branche zu behaupten.

Ihre eigentlichen Pläne hatten in der Wissenschaft gelegen. Doch an der Berliner Universität war sie als Frau chancenlos. Kein Professor stellte sich hinter sie. „Seien Sie realistisch: Disziplin und wissenschaftlicher Ehrgeiz sind nicht Ihre Stärke", hatte ihr ein Mittelalter-Experte erklärt, bevor er ihr gönnerhaft eine Stelle als Kunstlehrerin an einem Mädchenpensionat am Bodensee anbot. Grete kochte vor Zorn.

Der Zeitgeist stand gegen sie. Selbst der prominente Rechtshistoriker Otto Giercke argumentierte öffentlich, der Staat werde zugrunde gehen, wenn Frauen nicht länger Mutter, Hausfrau und Gattin seien.

Cassirer hingegen hatte keine Vorbehalte. Als sie sich 1921 bewarb, bot er ihr nach einem halbstündigen Gespräch eine Stelle an. „Kommen Sie zu uns", hatte er gesagt. „Sie haben das Zeug dazu – und werden viel lernen. Im Kunsthandel wird es nie langweilig." Sie sagte zu – und bereute es nie.

Schnell erkannte sie, worin der eigentliche Vorzug ihrer neuen Position lag: in der Gleichbehandlung. Kunden und Kollegen begegneten ihr auf Augenhöhe, ohne spöttischen Unterton, ohne Zweifel an ihrer Kompetenz.

Manchmal fragte sie sich, ob Onkel Max – ein Freund Cassirers – nicht doch im Hintergrund ein gutes Wort für sie eingelegt hatte. Aber sie glaubte auch an das Glück, zur richtigen Zeit am richtigen Ort gewesen zu sein.

Denn Berlin war im Aufbruch. Der Kunstmarkt boomte – genährt von Kriegsgewinnlern, Inflationsmillionären und neuem

Geld. Zwischen Lützowufer, Potsdamer Platz und Tiergarten entstand eine Galerie-Meile ersten Ranges – und Cassirer saß im Herzen davon.

Der visionäre und fördernde Händler Alfred Flechtheim hatte sich nach seinem Zuzug aus Düsseldorf mit Daniel-Henry Kahnweiler am Lützowufer niedergelassen. Ihre Eröffnungen waren stets gesellschaftliche Ereignisse. Auch Karl Nierendorf, der aus Köln vor der Besatzungszone geflohen war, fand in Berlin Erfolg – und ein neues Zuhause. Justin Thannhauser hingegen stieß auf Argwohn. Seine geplante Gauguin- und Monet-Schau in der Bellevuestraße sorgte für Aufsehen – und für Missstimmung unter den Kollegen, die fürchteten, er könne ihnen die Kundschaft abspenstig machen.

Grete erinnerte sich an einen spöttischen Artikel Flechtheims im *Querschnitt*, in dem er die wuchernde Zahl neuer Galerien aufzählte – zwanzig allein in der Bellevue- und Tiergartenstraße. Sein Fazit: „Bald wird es in Berlin mehr Metzger als Ochsen geben." Grete hatte laut gelacht, den Artikel ausgeschnitten und aufbewahrt. Ein Stück Zeitgeist und ein stilles Zeichen dafür, dass sie angekommen war. In einer Welt, die sie nie für sich beansprucht hatte, und die sie schließlich als die ihre angenommen hatte.

18. JUNI 1927

In Schrittgeschwindigkeit fuhr der Zug auf dem zweigleisigen Abschnitt in den Bahnhof ein. „Westerland/Sylt" stand auf einem hölzernen Schild, das ihr durch die dreckverschmierte Scheibe ins Auge fiel. Grete saß allein im Abteil. Zwei Mitreisende waren in Niebüll ausgestiegen. Sie zog die Fensterscheibe nach unten, um die frische, salzige Seeluft zu genießen, als eine lose Zeitungsseite von einem Windstoß erfasst wurde und aus dem Fenster hinausflatterte, bevor sie danach greifen konnte.

Die Anfahrt nach Sylt war lang gewesen. Nach den ersten drei Stunden der zehnstündigen Fahrt, die um fünf Uhr in der Frühe am Anhalter Bahnhof begonnen hatte, verfluchte sie Feilchenfeldt. Wusste er, welche Strapaze sie auf sich nahm? Ihre Arbeit musste ruhen, Termine mussten verschoben werden, und der gesamte Tagesablauf geriet aus dem Gleichgewicht. Schon jetzt spürte sie eine unterschwellige Anspannung, während draußen die Landschaft vorbeiglitt und jede Minute sich in die Länge zu ziehen schien. Die Reise war kein bloßer Ortswechsel, sondern eine Zumutung, die ihr Geduld und Kraft gleichermaßen abverlangte.

Nur die Tatsache, als eine der Ersten den brandneuen Hindenburgdamm zu überqueren, hatte sie ein wenig mit ihrem Schicksal versöhnt. Erst vor wenigen Tagen war die neue Bahnstrecke eingeweiht worden. Die letzten elf Kilometer auf den Schienen vom Festland durchs Wattenmeer hatte sie als Landratte aufgeregt genossen. Sie hatte den Kopf in den Nacken gelegt und in den wolkenlosen, blauen Himmel geschaut, aus dem im Sturzflug immer wieder weiße Möwen in die Weiten des bewegten, hellblauen Meeres stürzten, um ihren Hunger zu stillen. Eine Art Glücksgefühl hatte sich eingestellt, wie es sie manchmal überkam, wenn sie reiste, still im Zug saß und durch unbekannte Landschaften fern der Heimat fuhr.

Irgendwann während der langen Fahrt war sie dem regelmäßigen Rhythmus der Bahn erlegen, eingeschlafen und erst wieder in

Niebüll erwacht. Sie hatte sich dabei ertappt, den eigentlichen Zweck ihrer Reise zu verdrängen. Schläfrig hatte sie eigenen Gedanken nachgehangen, sich ihr Refugium in Sacrow ausgemalt und Pläne für die Einrichtung der Küche geschmiedet. Auf ihrem Schoß hatten die Unterlagen zur Vorbereitung auf Sylt gelegen. Träge waren die Augen immer wieder zugeklappt, bis ein vergilbter Zeitungsausschnitt ihre Aufmerksamkeit auf sich gezogen hatte. Ruckartig hatte sie sich aufgesetzt und sich mit den Händen den Schlaf aus den Augen gewischt. Dann hatte sie sich das Blatt geschnappt und gelesen: „Heute Nachmittag wurde eine Leiche auf einem Leiterwagen zum Friedhof geschafft, wo sich ein paar Hundert neugierige Menschen versammelt hatten. Herren in Strandschuhen, weißen Anzügen und bunten Mützen. Damen in Tenniskostümen, hellen Hüten und roten Sonnenschirmen. Darüber ein jubelnder Sommertag mit strahlendem Himmel. Wer es aus der Ferne sah, hätte meinen können, dass es sich um irgendein Fest im Freien handle ...“

Der Zug kam mit einem letzten Ruck zum Stehen.

„Endstation Westerland, Sylt. Reisende bitte alle aussteigen“, tönte es Sekunden später scheppernd aus einem Lautsprecher. Die Durchsage riss sie aus ihren Gedanken. Sie seufzte, stand auf und streckte sich.

„Grete Ring?“, rief jemand fragend, kaum hatte sie den Fuß auf den Bahnsteig gesetzt. Vor ihr stand eine junge Frau mit Grübchen, die sich unsicher umsah und vermutlich schon länger ungeduldig gewartet hatte, denn der Zug hatte einige Minuten Verspätung gehabt. „Ja“, erwiderte Grete knapp.

„Willkommen auf der schönen Nordseeinsel Sylt. Mein Name ist Hansen, Antje Hansen. Ich stehe Ihnen während Ihres Aufenthalts mit Rat und Tat zur Verfügung“, sagte die Blondine in einem kastenförmigen, blau-weiß gestreiften Sommerkleid.

Grete erinnerte sich, dass Bürgermeister Olaf Petersen ihr eine Frau als Empfangskomitee angekündigt hatte.

„Hatten Sie eine angenehme Reise?“, fragte die junge Frau liebenswürdig. Grete nickte.

„Die Gemeinde Westerland und der Bürgermeister wissen es zu schätzen, dass Sie die lange Fahrt von Berlin auf sich genommen haben, um uns unter die Arme zu greifen“, sprudelte es aus Frau Hansen heraus, während sie den Koffer nahm. Grete fühlte sich immer noch müde und war dankbar, dass ihr jemand mit dem Gepäck behilflich war. Gemeinsam schlenderten sie in Richtung des Ausgangs.

„Kennen Sie die Insel?“, fragte Frau Hansen. Grete nickte verhalten, blieb aber stumm. Ihr war nicht nach Reden zumute.

„Kein Vergleich mehr mit früher, nicht wahr?“, Antje Hansen blieb stehen und richtete ihren Blick auf die neu verlegten Gleise. „Ich kann Ihnen gar nicht sagen, wie froh wir hier sind, dass das Projekt Eisenbahndamm erfolgreich abgeschlossen werden konnte.“ Die junge Dame, eher noch ein Kind als eine erwachsene Frau, sah Grete triumphierend an. Wartete sie auf Begeisterungsausbrüche?

Sie ist hübsch, dachte Grete. Die blasse Haut, die feinen Gesichtszüge und das hochgebundene Haar verliehen ihr zusammen mit ihrer schlanken Statur eine mädchenhafte Erscheinung. Der Anblick gefiel Grete gut, und und für einen Moment regte sich in ihr ein leiser Neid auf diese Jugendlichkeit.

„Unsere Gäste genießen künftig Komfort und Zeitersparnis bei der An- und Abreise. Wir erwarten den Anstieg von Besuchern.“ Grete war nach der langen Reise erschöpft und wortkarg, wollte noch immer nicht sprechen. Sie war an einem kühlen, belebenden Bier und ein wenig Bewegung interessiert, nicht an Konversation. „Die werden sicher kommen“, sagte sie, um nicht unhöflich zu wirken. „Bestimmt sogar!“ Das berühmte Reizklima, die eindrucksvolle Wattlandschaft – das sind ideale Voraussetzungen für Erholungssuchende aus den Städten. Der eine oder andere Hamburger wird sicher ein Sommerhaus bauen, wenn sich die Anreise so angenehm gestaltet. Vielleicht kommen auch ein paar Berliner.“ Dann sagte sie in Anspielung auf ihre bevorstehende Aufgabe: „Gut, dass Sie rechtzeitig Ihr Problem in Angriff nehmen."

Antje Hansen verlangsamte ihren Schritt, zog die rechte Augenbraue nach oben und sah Grete fragend an. In diesem Moment hätte sie sich auf die Zunge beißen können. Ganz offensichtlich war die junge Frau nicht in die heikle Angelegenheit eingeweiht. Nun grübelte sie, was sie wohl meinte. Das sah Grete ihr an.

Eine Stunde später stand Grete im Foyer des Rathauses von Westerland. Antje Hansen hatte sie zur Villa Roth gebracht – einer reetgedeckten, traditionsreichen Unterkunft –, sich verabschiedet und sie einer Erfrischungspause überlassen: Matjesbrötchen und frisches Bier auf der windgeschützten Terrasse des Hotels, mit Blick auf den weitläufigen Strand.

Trotz der malerischen Kulisse war ihr unwohl zumute. Die Erinnerung an die Begegnung mit Bürgermeister Petersen in Berlin lag schwer auf ihr. Sie wusste, dass ihr Besuch bei ihm keine Freude auslösen würde – zu gern hätte er stattdessen Feilchenfeldt empfangen. Petersen war kein Freund selbstständiger Frauen; das hatte er unmissverständlich zu erkennen gegeben. Vermutlich sah er dem Treffen mit Skepsis entgegen, doch das war ihr gleichgültig. Sie war nicht hier, um gemocht zu werden.

Ein schwaches Lächeln umspielte Gretes Lippen, als sie an Feilchenfeldt dachte. In Berlin hatte er keinen Zweifel gelassen: Sie sei die Richtige für den Auftrag. Nur sie solle nach Sylt reisen, um die Bilder in Augenschein zu nehmen. Das hatte sie gestärkt.

„Lassen Sie uns direkt zur Sache kommen", sagte Petersen im Foyer des Rathauses, kaum dass sie sich begrüßt hatten. Der korpulente, schwerfällige Mann ging voran. Sie folgte ihm in ein holzgetäfeltes Arbeitszimmer, dessen dunkle Paneele und gedämpftes Licht eine nüchterne, beinahe drückende Atmosphäre schufen.

Grete schätzte ihn auf etwa sechzig Jahre, doch sein Gesicht – faltenfrei, mit Doppelkinn und kleinen, glanzlosen Augen, die ihr aufmerksam, aber ohne erkennbare Wärme entgegenblickten –

hatte etwas Unbestimmtes, das schwer einzuordnen war. Kaum hatte sie Platz genommen, senkte Grete den Blick. Sie wollte nicht, dass er ihre Abneigung bemerkte.

„Die delikate Angelegenheit, weswegen wir Sie, liebe Frau Ring, zu uns gebeten haben", begann Petersen ohne Umschweife, „verlangt Fachwissen – und Diskretion. Dürfen wir auf Ihre Verschwiegenheit zählen?" Sein Blick aus den schmalen Augenschlitzen haftete prüfend auf ihr. Sie nickte knapp.

Im Stillen wünschte sie sich, diese Begegnung schnell hinter sich zu bringen. Der Mann blieb unsympathisch – auch wenn er sich sichtlich Mühe gab, höflich zu erscheinen. In Berlin war er ruppig aufgetreten, beinahe herablassend. Jetzt wirkte er fast charmant. Jemand hatte ihn wohl zur Mäßigung ermahnt – oder er hatte selbst erkannt, dass Freundlichkeit dienlich sein kann.

Wenn alles reibungslos verlief, plante sie, ein paar Tage länger auf der Insel zu bleiben – Natur, Meer, vielleicht sogar die Westerländer Festtage genießen. Sportliche, gesellschaftliche und kulturelle Veranstaltungen. Ein willkommener Ausgleich zu ihrer Arbeit in Berlin.

„Darf ich Sie mit den Ereignissen vertraut machen?" sagte Petersen und fügte mit einem beinahe verschwörerischen Unterton hinzu: „Mit der Notwendigkeit Ihres Besuchs?"

Sie lächelte, um ihn zu ermutigen.

In Berlin hatte Petersen von einem Gemäldekonvolut gesprochen – in schlechtem Zustand, auf Echtheit und Wert zu prüfen. Wie es in den Besitz der Stadt Westerland gelangt war, blieb rätselhaft. Trotz seiner reservierten Art hatte gerade das Gretes Neugier geweckt; fachliches Interesse und Widerspruchsgeist hatten sie gepackt.

„Ich muss etwas ausholen", warnte Petersen. Im selben Moment knarrte die Tür. Eine ältere Dame – mausgraues Kostüm, geschwollene Beine – trat beinahe geräuschlos ein. Wahrscheinlich seine Vorzimmerdame. Sie stellte Teegeschirr ab, Milchkännchen, Zuckerschale. Fragend sah sie zu Grete. Diese nickte knapp, und der Tee wurde eingeschenkt.

„Ein unbekannter Mann machte im Jahr 1855 den Anfang", begann Petersen. „Spaziergänger fanden an einem Aprilsonntag einen aufgedunsenen Körper am Strand. Kleidungsfetzen hingen an seinem geschundenen Rumpf, ein Unterschenkel fehlte, am Körper nagten Krabben. Der Anblick war, laut Überlieferung, schwer zu ertragen." Er hielt kurz inne, sah sie prüfend an.

„In den Jahren danach folgten – kaum zu glauben – zweiundfünfzig weitere Wasserleichen. Ein mitfühlender Strandvogt, der sie nicht unbestattet lassen wollte, richtete einen kleinen Friedhof ein. Die Einheimischen nannten ihn bald ‚Heimatstätte für Heimatlose'. Auf schlichten Holzkreuzen vermerkte man Fundort und Datum. Mehr Informationen hatten sie nicht."

Er schenkte sich Tee ein, ließ zwei Stück Kandis hineingleiten und nahm einen Schluck.

„Dass es sich um ertrunkene Seemänner handelte, wurde bald klar – ob freiwillig oder nicht über Bord gegangen. Kleidung, Gegenstände aus der Seefahrt ... es gab keine Zweifel. Die Erklärung war plausibel: raues Meer, einfache Boote, dichter Schiffsverkehr ..." Petersen verschluckte sich, hustete, trank erneut.

„1888 ließ Elisabeth, Königin von Rumänien – Ihnen vielleicht unter ihrem Pseudonym Carmen Sylva bekannt – einen Gedenkstein errichten. Sie war hier zur Sommerfrische, erfuhr von den namenlosen Toten und war tief bewegt. Einer der Verstorbenen erinnerte sie an ihren Cousin, der im Krieg spurlos von einem Marineschiff verschwunden war."

Er zog ein zerknittertes Blatt aus der Schublade und glättete es mit seinen breiten Finger.

„Ein Artikel aus der *B. Z.* am Mittag, April 1906. Ich zitiere: ‚Die als Schriftstellerin geschätzte Königin von Rumänien zeigte sich in der Sommerfrische in Westerland/Sylt zu Tränen gerührt, als sie vom Schicksal zahlreicher namenlos verstorbener Seeleute erfuhr ...'"

Petersen verstummte. Dann verkündete er mit einem Anflug von Stolz: „Hatte ich schon erwähnt, dass wir Sie in derselben Unterkunft untergebracht haben, in der damals die Königin residierte?“ „Die Villa Roth?“ fragte Grete überrascht. Petersen nickte.

„Wir dachten, verehrte Frau Dr. Ring, es würde Sie freuen, an einem Ort mit Geschichte zu wohnen. Der Hochadel pflegte dort zu logieren – ein Hauch von Glanz auf unserer stillen Insel.“ Zum ersten Mal lächelte er sie an. Ein ehrliches Lächeln?

Er stellte seine Tasse klirrend zurück auf die Untertasse.

„Offiziell wurde der Friedhof 1905 geschlossen. Heute werden Seetote auf dem städtischen Friedhof beigesetzt. Man sagt, in zweihundertfünfzig Jahren seien über vierhundert Leichen an Sylts Strände gespült worden. Eine stattliche Zahl – aber wer kann das schon nachprüfen?“ Er zuckte mit den Schultern, kratzte sich hinterm Ohr. „Die Natur findet stets ihre eigenen Wege. Früher war es nicht unüblich, Tote dem Meer zu überlassen.“

Grete hörte einen zynischen Unterton – oder war das Einbildung? – und spürte ein leichte Frösteln, das er bei ihr auslöste.

„Und nun“, sagte Petersen, „kommen wir zum eigentlichen Grund unseres Treffens.“ Er zog die Stirn in wulstige Falten. Seine anfängliche Befangenheit war verschwunden. Grete musste sich widerwillig eingestehen: In diesem Moment wirkte er beinahe liebenswürdig.

„Eine schwere Sturmflut im vergangenen Herbst“, fuhr er fort, „sorgte für massive Zerstörung auf dem stillgelegten Friedhof. Gräber liefen voll, Särge wurden freigelegt, manche platzten auf und quollen über. Der Inhalt kehrte sich von innen nach außen. Kein angenehmer Anblick, wie Sie sich unschwer vorstellen können. Seltsamerweise fanden wir in einem der Gräber statt eines Sargs eine Kiste mit Bildern. Niemand konnte sich diesen unerwarteten Fund erklären. Bis auf drei zusammengerollte Zeichnungen handelte es sich um dreizehn ungeschützte und ungerahmte Ölgemälde in unterschiedlichem Zustand. Fünf von ihnen entsorgten wir sofort. Da war nichts mehr zu retten, sie waren komplett hinüber. Zum Teil war die Farbe abgewaschen, Schimmelstellen waren großflächig vorhanden, und auf einem Bild befand sich sogar ein ausgefranstes Loch, als hätten Ratten daran genagt. Zwei weitere Bilder wiesen kleinere Löcher und Risse auf. Auch in diesen Fällen lagen Schäden vor, die irreparabel waren. Acht Bilder und drei Zeichnungen waren jedoch in einem passablen bis guten Zustand. Nach Meinung unseres Dorfmalers sind sie professionell gearbeitet. Er sagt, die Technik sei raffiniert, Farbe und Leinwände seien hochwertig. Seiner Ansicht nach sind die Bilder etwas Besonderes und erinnerten sowohl an den wilden, dynamischen Stil des holländischen Malers van Gogh als auch an den modernen französischen Stil. Da er sich selbst nicht für kompetent genug hielt, war er es, der uns riet, einen Experten hinzuzuziehen – anstatt die Werke vorschnell zu verschenken oder sie auf dem Dachboden des Rathauses verrotten zu lassen."

Petersen sah sie mit feierlicher Miene an.

„Verehrteste, wir setzen auf Ihre fachkundige Einschätzung – und hoffen zumindest auf eine erste Idee, was mit den Bildern geschehen soll."

19. JUNI 1927

Neugierig und mit der nötigen Berufserfahrung ausgestattet, um der unbekannten Aufgabe gelassen entgegenzublicken, begann Grete früh am nächsten Morgen mit der Arbeit. Im Keller des Gemeindehauses, einem roten Backsteingebäude im friesischen Stil, lagerte der ungewöhnliche Fund. Jemand hatte auf mehreren großen Tischen die Leinwände ausgerollt und an den Ecken mit Steinen fixiert – vermutlich waren sie feucht gewesen und man hatte sie zum Trocknen ausgebreitet.

Was sie dort im dunklen, feuchten Souterrain zu sehen bekam, überraschte. Hatte sie mit den dilettantischen Machwerken eines Hobbykünstlers oder den mittelmäßigen Versuchen eines erfolglosen Malers gerechnet, staunte sie nun über die unverkennbar hohe Qualität der Bilder.

Alle acht Bilder zeigten Spuren der Zeit: Wasserflecken, Schimmelränder, Staub. Doch ihr erstaunlich guter Zustand ließ vermuten, dass sie nicht allzu lange unter der Erde gelegen haben konnten. Die Leinwände waren nicht porös; der Farbauftrag wirkte stellenweise erstaunlich unversehrt – nichts war verblasst oder abgeplatzt, die Pinselstriche waren noch lebendig. Vermutlich war es der Verpackung zu verdanken, dass sie die Zeit so unversehrt überstanden hatten: Bettlaken, nun verschlissen und grau von Erde, und wächserne Baumwolltücher, in die manche der Leinwände sorgsam eingeschlagen gewesen waren – ein improvisierter Schutz, der den Bildern das Leben gerettet hatte.

Grete spürte, wie sich Konzentration mit leiser Begeisterung vermischte – jenes vertraute Kribbeln, das sie stets überkam, wenn ein Bild mehr Tiefe versprach als bloß gemalte Oberfläche.

Die Utensilien für ihre Untersuchungen hatte sie in einem kleinen Medizinköfferchen aus Berlin mitgebracht. Routiniert löste sie den Verschluss, entnahm ein feuchtes Tuch und einen Staubwedel aus feinen Straußenfedern. Das Reinigen der Gemälde verlangte

Geduld: In sorgfältigen Bewegungen schwenkte und tupfte Grete die Oberfläche, bis die feinen, schwarzen Partikel wichen. Allmählich traten die Farben wieder hervor – frisch und kraftvoll, als wären die Bilder aus dem Schatten der Zeit erlöst worden.

Erst im neuen Glanz erkannte sie die Vielfalt der Motive und Stile. Zwei mittelgroße Formate erinnerten in Komposition und geschichteter Malweise an Cézanne. Zwei der fünf Strand- und Gartenbilder ließen an Renoir und Manet denken. Und ein kleines, quadratisches Blumengemälde – kräftig und mutig arrangiert – trug unverkennbar die Handschrift van Goghs. Der pastose Farbauftrag aus Schwefelgelb, Blutrot und Himmelblau verdichtete sich zu einem üppigen Strauß sommerlicher Blüten in einer bauchigen Henkelvase, deren Oberfläche das Licht matt verschluckte. Grete betrachtete das Bild, ohne sich zu rühren. Sie fand es hinreißend schön.

Zwei blasse Zypressenbilder und eine Sepiazeichnung erinnerten ebenfalls an van Gogh. Besonders die Zeichnung – Segelboote, Wellen, Horizont – zeigte einen temperamentvollen, sichtbaren Strich, der so charakteristisch für den Holländer war. Das war kein bloßer Entwurf, wie sie zunächst vermutet hatte, sondern ein eigenständiges Werk. „Die Brandung", wie sie es für sich titulierte, war in ihrer Komplexität und feinen Strichführung wohl das anspruchsvollste Stück des Konvoluts und ein ganz besonders, interessantes Blatt.

Grete hatte eine Schwäche für Handzeichnungen. Seit ihrem Studium war sie dieser Kunstform verfallen – hier offenbarte sich das Wesen eines Künstlers oft am klarsten. Dennoch schlich sich schon zu Beginn der Untersuchungen der Gedanke an mögliche Fälschungen in ihren Kopf. Ein Satz tauchte in ihrem Gedächtnis auf. Sie wusste nicht mehr, wo sie ihn gehört hatte – vielleicht bei Wölfflin? „Gefälscht wird von allen, auf allem, mit allem und alles." Bei Cassirer hatte sie ihn allzu oft bestätigt gefunden. Was ihr dort nicht alles begegnet war: mit Schwarztee behandelte Vorsatzblätter, gefälschte Krakeluren, mit Milchsäure gealterte Leinwände ... Professionelle Fälscher ließen sich allerhand einfallen, um Werke glaubwürdig altern zu lassen. Doch Grete war wachsam. Zu wachsam, um sich blenden zu lassen. Und dennoch – diesmal war etwas anders. Irgendetwas an der Fundgeschichte, an der Atmosphäre dieses Raumes, an der emotionalen Wirkung der Bilder selbst irritierte sie. Eine Ahnung schlich sich ein, verstärkte sich, ohne konkret zu werden.

Nach drei Stunden intensiver Untersuchung, Reinigung und Begutachtung gönnte sie sich eine Pause. Sie trank Tee aus ihrer mitgebrachten Kanne, zog die wetterfeste Jacke an und machte sich auf den Weg zum Inselfriedhof – neugierig auf jenen Ort, an dem die Bilder gefunden worden waren.

Als sie das schmiedeeiserne Tor erreichte, war sie überrascht, wie nah der Friedhof an ihrer Unterkunft lag. Die Anlage strahlte Ruhe aus. Sie mochte Friedhöfe: ihre Stille, die sorgfältig gepflegte Parklandschaft, das Innehalten, das unweigerlich eintrat, sobald man die Schwelle überschritt.

Langsam und aufmerksam schlenderte sie über die Anlage und zählte die Holzkreuze: dreiundfünfzig waren es an der Zahl. Die Inschriften ähnelten einander. „Westerland Strand, 31. Oktober 1872" stand auf einem, „Rantum Südstrand, 11. November 1882" auf einem anderen, sachlich und knapp. Fundorte und Daten. Grete sog die Sommerluft ein, ließ den Blick schweifen und blieb schließlich vor einem verwitterten Gedenkstein stehen.

Unter einer Schicht Moos entdeckte sie eine Inschrift, ein Gedicht:

Wir sind ein Volk vom Strom der Zeit.
Gespült vom Erdeneiland,
voll Unfall und voll Herzeleid,
bis heim uns holt der Heiland ...

Grete kratzte vorsichtig den Pflanzenbewuchs mit den Fingernägeln ab. Etwas daran ließ sie erschauern. Heimat für Heimatlose, las sie – und spürte einen Stich in der Brust. Irritiert lief sie weiter. Erst jetzt fielen ihr die Spuren der Verwüstung auf: abgebrochene Äste, aufgewühlte Erde, frische Nachsaat, braune Laubsäcke. Offenbar war hier kürzlich gearbeitet worden.

Im hinteren Teil des Friedhofs stieß sie auf ein Grab, das Petersens Beschreibung entsprach. Der Duft von Rosen lag schwer in der Luft. Grete sog sie ein – da durchfuhr sie jäh eine Hitzewelle, die durch ihren Körper schoss. War es Einbildung, eine Halluzination, oder stand dort wirklich ihr Name auf dem Kreuz? Panik überkam sie. Ihr Puls raste, der Atem stockte. Dann: Erleichterung. Dort stand deutlich und klar: „Rantum Strand, 10.10.1895". Sie hatte sich geirrt. Ihr Kopf hatte ihr einen Streich gespielt, ausgelöst von Müdigkeit und der Stille des alten Friedhofs. Sie zwang sich zur Ruhe, tastete über das raue Holz, fühlte einen Splitter. Gedanken an den Tod stiegen auf. Sie wies sie zurück. Es gab keinen Anlass, keinen Grund. Und doch hatte sich ein düsterer Schatten auf ihr Gemüt gelegt, der nicht weichen wollte.

Zurück im Gemeindehaus stürzte sie sich sofort in die Arbeit, auch um nicht über den Vorfall nachzudenken und sich abzulenken. Sie prüfte jede Leinwand mit Akribie. Und mit wachsendem Unbehagen.

Schließlich gab der Firnis den entscheidenden Hinweis: Die Farbe löste sich an den Rändern. Ein typisches Indiz für die Zugabe von Harz. Weitere Untersuchungen bestätigten ihren Verdacht. Die Patina war künstlich erzeugt worden, der Firnis unnatürlich gleichmäßig vergilbt. Nun war klar: Die Bilder entstammten keinen Meisterwerkstätten, waren keine Originale – aber auch keine Fälschungen im strafrechtlichen Sinne. Sie waren Stilübungen, sauber und akkurat ausgeführt, möglicherweise von einem jungen Künstler zur Übung angefertigt. Doch warum waren sie in ein Grab gelegt worden und hingen nicht in einem Friesenhaus? Diese Qualität hatte etwas Besseres verdient.

Am späten Nachmittag legte Grete im Büro des Bürgermeisters ihren Abschlussbericht vor. Ihr Urteil ließ keinen Zweifel: frei erfundene Kompositionen im Stil großer Meister. Präzision und Sachlichkeit bestimmten ihren Strich, doch ein Hauch von Fassungslosigkeit darüber blieb, dass Werke, geboren aus reiner schöpferischer Fantasie, im feuchten Dunkel der Erde dem Verfall überlassen worden waren.

Petersen nahm das Ergebnis gefasst entgegen. „Schade", sagte er, „ich hatte gehofft, wir könnten mit dem Erlös der Bilder das Rathaus decken oder zumindest eine neue Wetterstation finanzieren."

Grete schlug vor, die Werke öffentlich auszustellen und zu versteigern. Das Gesicht des Bürgermeisters hellte sich auf. „Vielleicht reicht es ja für einen Wetterhahn", scherzte er. Sie lachte. Zum ersten Mal wirkte der Mann sympathisch und sie reichte ihm zum Abschied die Hand – eine Geste, fast schon zärtlich.

Und doch blieb etwas zurück. Ein Schatten, kaum greifbar, aber hartnäckig. Ein leises Unbehagen, das sich nicht abschütteln ließ. Immer wieder kreisten ihre Gedanken um den Moment vor dem Holzkreuz – die plötzliche Panik, das aufsteigende Grauen, ihr eigener Name, den sie gesehen zu haben glaubte.

„Wie talentiert du bist“, schmeichelte sein Bruder und bestand darauf, auch seine neuesten Werke sehen zu dürfen. „Du wirst immer besser“, fuhr er fort, während er durch den Raum schlenderte und die an der Wand lehnenden Bilder musterte. Strahlend klopfte er ihm auf den Arm, lobte, lächelte und bescheinigte ihm voller Anerkennung, wie meisterhaft er die Natur einzufangen wusste.

Als er gegangen war, ging er frisch ans Werk. Der Bruder hatte ihm Ölfarben mitgebracht, wie sie es beim letzten Besuch verabredet hatten. Voller Vergnügen quetschte er grüne und blaue Reste aus den alten Tuben direkt auf die Leinwand, überzeugt, dass der andere ähnlich vorgegangen sein musste. Er sah wie er, fühlte wie er und malte wie er. Egal, ob Regentropfen fielen, Wolken vorbeizogen, die Mittagssonne strahlte oder der Tag in den Abend überging – ob ein Sturm durch die Bäume tobte oder ein sanfter Wind das Kornfeld streifte: Jedes Mal durchströmte ihn ein Kaleidoskop an Gefühlen. Seine Bilder entstanden nach dem Motiv seines Vorbilds. Er wollte es so und nicht anders, denn er fühlte sich ihm verbunden und spürte, dass die gleichen Kräfte in ihm wirkten. Sie waren Seelenverwandte.

Schnell, spontan und mit großzügigen Strichen begann er, den hochgewachsenen Baum zu malen. Plötzlich stockte er. So kam er nicht weiter. Er nahm die weiße Paste in die Hand, die er für solche Fälle parat hielt, drückte sie auf den Pinsel und zeichnete vor. Dann spachtelte er und füllte die Flächen damit aus. Immer wieder korrigierte er sich. Es ärgerte ihn, dass ihm ein zügiges, temperamentvolles Arbeiten ohne Nachbessern nicht gelang.

Wütend schmiss er den Pinsel in die Ecke, hob ihn aber gleich wieder auf. Er brauchte ihn noch. Seine Gedanken schweiften immer wieder ab, er konnte sich schlecht konzentrieren. Etwas arbeitete in seinem Inneren, und er spürte einen Widerstand im Magen. Warum hatte sein Bruder ihn vorhin nicht um Erlaubnis gebeten, als er die Bilder einpackte und mitnahm? Was hatte er damit vor? Was war aus dem *Sämann* und dem *Weizenfeld* geworden, die er beim letzten Mal, es musste fünf Wochen her sein, mitgenommen hatte?

Er ließ den Pinsel sinken, fuhr mit einem feuchten Lappen über das Gesicht und trank einen Schluck Wasser, bevor er weitermalte. Sein Unbehagen wich und verwandelte sich langsam in erhöhte Aufmerksamkeit. Die Arbeit ging ihm wieder besser von der Hand. Plötzlich fühlte er sich wie im Rausch. In den nächsten drei Stunden setzte er unzählige, schlängelnde Striche dicht an dicht, drückte immer wieder Impasto auf die Leinwand, mischte einen Roséton auf der Palette an, akzentuierte Büsche und Bäume mit zitronengelber und cremebeiger Farbe und tüftelte erneut am Lichteinfall. Nachdem er die letzte weiße Wolke in den blauen Himmel gefügt und die dunklen Konturen in die züngelnden Zypressen eingearbeitet hatte, die wie lodernde Flammen in die Höhe schossen, beendete er das Werk.

Zufrieden rückte er die Staffelei in die Nähe des Fensters und hoffte auf die wärmende Sonne von außen. Die Leinwand musste trocknen, damit er das Bild abnehmen konnte, um es unter der Plane aufzubewahren. Die Frau machte ihm Vorwürfe, behauptete, dass es so nicht weiterginge. Es solle sich etwas überlegen. Sie beklagte sich, dass zu viele Bilder im Dachboden lagerten und der Platz fehle. Sie brauche den Raum, um die zahlreichen Einweggläser unterzubringen – Hagebutten- und Sanddornkonfitüre, Senfgurken, eingelegte Pflaumen und saurer Kürbis beanspruchten ihren Platz.

„Prächtig, fantastisch." Begeistert klatschte Grete in die Hände. „Sieh nur, unsere Bedenken waren ganz umsonst. Die Herren haben ganze Arbeit geleistet."

Grete stand mit Feilchenfeldt, der unter Zahnschmerzen litt, inmitten der neu gehängten Galerie voller Van-Gogh-Gemälde. Gäste und potenzielle Kunden erwarteten sie am morgigen Abend um neunzehn Uhr zur Eröffnung. Gut zweihundert Einladungen hatten sie vor drei Wochen verschickt. An den zahlreichen Zusagen ließ sich großes Interesse ablesen. Gemeinsam schlenderten sie durch die imposanten, hohen Räume, betrachteten genüsslich die Leihgaben, die ihre temporären Mitstreiter de la Faille und Meier-Graefe mit List und Tücke ihren Besitzern abgerungen hatten und die teilweise keine vierundzwanzig Stunden vorher eingetroffen waren.

„Die Verbindung zwischen de la Faille und van Goghs Neffen, Vincent Willem, hat sich ausgezahlt. Ich bezweifle, dass wir ohne ihn die gleiche Menge Leihgaben zusammenbekommen hätten", behauptete Feilchenfeld beim Betrachten der Wände. Wegen der Schmerzen hielt er ein feuchtes Tuch gegen die linke Wange gepresst. „Nur schade, dass er zur Eröffnung nicht kommen kann!"

„In der Tat", unterbrach Grete. „Wacker berichtete mir, dass sich einige Leihgeber erst durch den familiären Bezug hatten erweichen lassen, uns ihre Bilder vorübergehend zu überlassen. Ich glaube, Franz von Mendelssohn gehört dazu und auch Arthur Hahnloser. Erstaunlich, wie der Familienname van Gogh wirkt: wie ein Türöffner. Er steht für Seriosität und Marktwert – zwei Kräfte, die im Kunsthandel oft schwer voneinander zu trennen sind."

„Und wir garantieren einen Hauch von Glamour und Glanz – durch die erlesene Gesellschaft unserer treuen Kunden", ergänzte Feilchenfeldt mit schiefem Grinsen im Gesicht.

Der Anblick, der sich Grete und Feilchenfeldt bei ihrem Rundgang bot, sorgte für Hochstimmung. Ob Sternenhimmel leuchteten, Wolken über den Himmel zogen, die Mittagssonne brannte oder sanfter Wind das Kornfeld in Bewegung setzte – jedes Mal erfasste sie ein intensives Wechselbad der Gefühle. Die fast einhundert Exponate boten ein farbenprächtiges Kaleidoskop von van Goghs Schaffen und bildeten den prachtvollen Rahmen für die vier Bilder aus russischem Privatbesitz, den Höhepunkt der Ausstellung, die nach dem Ende der Schau versteigert werden sollten. Diese Gemälde, im Oberlichtsaal untergebracht, hatten sich Grete und Feilchenfeldt bewusst bis zum Schluss aufgehoben. Sie wollten sie in aller Ruhe betrachten und ohne jede Ablenkung auf sich wirken lassen. Sollte ihr geschulter Blick Optimierungsbedarf erkennen, stand ihnen offen, die Präsentation entsprechend anzupassen. So hatten sie es im Vorfeld mit de la Faille und Meier-Graefe vereinbart – ein unmissverständliches Zeichen dafür, wer bei Cassirer das letzte Wort hatte. Der abschließende Blick auf die Hängung und die finale Freigabe der Präsentation lagen allein in ihrer Hand.

Otto Wacker hatte drei Tage zuvor die vier Bilder persönlich aus der Schweiz abgeholt. „Meine Nerven liegen blank", hatte er erklärt, als er aufgebrochen war. „Die Ungewissheit, ob die Bilder rechtzeitig eintreffen, raubt mir den Verstand. Lieber nehme ich den Transport selbst in die Hand – dann weiß ich wenigstens, woran ich bin." Wacker wirkte angespannt, beinahe fahrig, als er sich in Reisegarderobe verabschiedet hatte und mit einem kleinen Köfferchen in der Hand zügigen Schrittes in Richtung Bahnhof aufgebrochen war.

Grete hatte ihm kopfschüttelnd hinterhergesehen. Seine eigene Ausstellung, die einhundertzwanzig Sepia-, Feder- und Kreidezeichnungen mit bäuerlichen Motiven, Landschaften und Paris-Ansichten umfasste, lief seit vier Wochen. Eigentlich musste er genug zu tun haben, um sich solche Anstrengungen zu ersparen, hatte sie irritiert gedacht. Schließlich war seine Schau seit dem Tag der Eröffnung in aller Munde. Er hatte es geschafft, sowohl private als auch öffentliche Sammler von Rang und Namen mit ins Boot zu holen. Neben der renommierten Bremer Kunsthalle beteiligte sich sogar der namensgleiche Neffe des Künstlers, Vincent van Gogh, mit Leihgaben und trug damit entscheidend zum Gelingen bei. Spontane Begeisterung ergriff das Publikum, die Presse und Kollegen unmittelbar am Eröffnungsabend. Grete hatte ein wenig Neid verspürt, als sie am späten Abend, nachdem die meisten Gäste die Räume verlassen hatten, auffallend viele „Verkauft"- oder „Reserviert"-Schilder unter den Bildern registriert hatte.

In einem Sonderkabinett hing das einzige Ölgemälde der Schau, von exquisiter Qualität und wirkungsvoll in Szene gesetzt. Es zeigte ein spätes Selbstporträt vor wirbelnden Farbschlieren, die an eine Sternennacht erinnerten, und zierte auch das Frontispiz des Katalogs.

Bei der Ausrichtung des Empfangs bewies Wacker sein Talent als Gastgeber. Geschickt verstand er es an diesem Abend, mit sprudelndem Champagner in edlen Kristallgläsern die Stimmung zu heben und die Kauflaune anzufachen. Junge Mädchen in roten Schürzen, schwarzen Lackschuhen und mit bunten Hütchen auf dem Kopf schritten zwischen den Gästen umher und reichten köstliche Häppchen à l'Amiral. Auf kunstvoll arrangierten KPM-Tellerchen thronte Garnele neben pochiertem Lachs auf Salatgarnitur – eine Augenweide, die den Gaumen verwöhnte.

Wackers launige Ansprache offenbarte seine unbestreitbaren Qualitäten als Entertainer. Er machte eine brillante Figur, als er im dunklen Frack und mit schneeweißer Fliege, das rabenschwarze Haar glänzend frisiert, ans Rednerpult trat, um die Verdienste seiner prominenten Förderer und Fürsprecher zu würdigen.

„Ihnen ist es zu verdanken", beteuerte er mit Blick auf einige einflussreiche Kritiker und prominente Künstler wie Paul Gachet, Curt Glaser und Wilhelm Waetzold, die sich unter den Gästen befanden, „dass die Ausstellung zu einem gelungenen Ganzen geriet. Ich fühlte mich von Ihnen, meine Herren, vorbildlich unterstützt; sowohl bei den Vorbereitungen als auch bei den Kontakten zu den Leihgebern durfte ich Ihre Hilfe in Anspruch nehmen. Es ist Ihnen gelungen, Blätter zusammenzutragen, die noch nie oder seit Langem nicht mehr öffentlich gezeigt worden waren, und mit dieser großartigen Präsentation zur Mehrung des Ruhms Vincent van Goghs beizutragen."

Wacker erhob sein Glas und prostete der Menge zu. Die Anwesenden tuschelten und raunten.

Seinem Charme und seiner Hartnäckigkeit kann kaum jemand widerstehen, dachte Grete, während ihr Blick durch den Raum schweifte. Sie bemerkte, dass viele Gäste gebannt an seinen Lippen hingen. Zur Eröffnung war sie in einem perlenbesetzten Kleid aus grünem Taft erschienen. Während sie nun auf einem unbequemen Stuhl saß, hing sie ihren Gedanken nach.

Insgeheim betrachtete sie die Vielzahl der Leihgaben mit leichtem Stirnrunzeln. Aus Erfahrung wusste sie, dass dieser Praxis nur selten selbstlose Motive zugrunde lagen – welch Überraschung. In der Branche war es ein offenes Geheimnis: Viele prominente Sammler nutzten Ausstellungen, um den Wert ihrer Werke zu steigern. Das galt als eine elegante, vollkommen legale Möglichkeit, die eigene Sammlung ins Rampenlicht zu rücken und später mit Gewinn zu veräußern. Fast charmant, könnte man meinen, war diese stille Form der Gewinnmaximierung, über die niemand sprach, die aber hinter vorgehaltener Hand geduldet wurde. Für manche professionelle Sammler war genau das der Hauptanreiz, Leihgaben an Museen oder Galerien zu vergeben.

Unverständlich blieb Grete an diesem Abend das Verhalten des Niederländers Jacob-Baart de la Faille, der unter Wackers Gästen für sichtbares Kopfschütteln sorgte. Der Jurist, der seit dem Studium als Kunstjournalist tätig war und während seiner Zeit im Amsterdamer Auktionshaus Frederik Müller eine Leidenschaft für van Gogh entwickelt hatte, tat alles, um sich im besten Licht zu präsentieren – und erreichte genau das Gegenteil. Extravagant gekleidet, in einem hellen Dreiteiler mit lachsfarbener Fliege, wirkte er auf Grete unangenehm aufdringlich. Jedem, der es hören wollte – und ebenso jenen, die es nicht interessierte –, pries er mit hörbarem Stolz das gerade erschienene Van-Gogh-Werkverzeichnis an.

Grete beobachtete den ganzen Abend, wie er sich anbiederte und jedem, der auch nur einen Hauch von Interesse zeigte, bunte Werbezettel in die Hand drückte. Seine angekündigte Publikation war seit Langem von der Fachwelt und der Presse erwartet worden, doch wie die Kritiken ausfallen würden, blieb ungewiss. Schlechte Rezensionen, davon war Grete überzeugt, würden ihn hart treffen. Sie vermutete zudem, er habe seine Hilfe bei den Ausstellungsvorbereitungen nicht aus reiner Selbstlosigkeit angeboten, sondern vielmehr, um sowohl Wackers als auch ihre Schau als Bühne für seinen eigenen Erfolg zu nutzen. Jacob-Baart de la Faille gierte offenkundig nach Anerkennung, Ruhm und Ehre.

Seit der Eröffnung strömten die Besucher in die geschmackvoll gestalteten Räume der Galerie Otto Wacker mit ihren Samtwänden. Grete hatte mehrfach erlebt, wie ortsfremde Passanten an ihrem Schaufenster vorbeischlichen, neugierig durch die Scheibe linsten und gelegentlich eintraten, um nach der Hausnummer 18 zu fragen. Für Kunstliebhaber und all jene, die sich diesem erlesenen Kreis zurechneten, wurde der Besuch der Ausstellung bei Otto Wacker zur Pflicht.

Der *Cicerone* sprach sogar von einem herausragenden Ereignis im Berliner Kunstleben, und die Zeitschrift *Kunst und Künstler* lobte „die schönen, ruhigen und vortrefflich hergerichteten Räume“, in denen van Goghs zeichnerisches Werk eindrucksvoll zur Geltung kam.

„Sie werden sehen“, prognostizierte Wacker nach den ersten Ausstellungstagen zuversichtlich, „der Erfolg ist vorprogrammiert. Presse und Publikum kommen voll auf ihre Kosten.“

Grete hoffte insgeheim, dass er recht behalten würde. Die Aussicht auf einen vergleichbaren Erfolg bei Cassirer machte ihr Mut.

Sollte es ähnlich gut laufen, wären alle Beteiligten zufrieden – und jener Neid, jenes leise Brennen der Missgunst, das sie in den Eingeweiden spürte, würde vielleicht verfliegen.

Als Grete und Feilchenfeldt den in Dämmerlicht getauchten Oberlichtsaal betraten, lag eine greifbare Spannung in der Luft. Wacker hatte ihnen am Abend zuvor den Mund wässrig gemacht, nachdem er die Bilder gehängt hatte – nun waren Erwartung und Neugier kaum noch zu bändigen.

„Sie werden staunen. Der Russe hat nicht zu viel versprochen. Es sind prachtvolle Werke, exzeptionell. Van-Gogh-Sammler werden sich alle Finger danach lecken."

Stets geheimnisvoll und mittlerweile ritualisiert reservierte die Kunsthandlung den Oberlichtsaal für die Präsentation besonderer Werke. Mitarbeiter mit weißen Handschuhen trugen empfindliche oder besonders wertvolle Werke herein und stellten sie auf ein stoffbespanntes Podest. So erhielten potenziellen Kunden die Gelegenheit, die Objekte ihrer Begierde von allen Seiten optimal zu betrachten. Diese Art der Präsentation glich jedes Mal einer Feierstunde.

Doch heute war alles anders. Kurz nach Betreten des Raumes blickten sich Grete und Feilchenfeldt für den Bruchteil einer Sekunde in die Augen, bis Feilchenfeldt wie beim Startschuss zu einem Wettkampf nickte. Als ob Grete nur darauf gewartet hätte, drehte sie sich auf ihren Absätzen, um die spezielle Atmosphäre des Raumes aufzusaugen.

„Ach, wie schön ...", jauchzte sie und drehte eine weitere Runde, um sich am Anblick der vier großformatigen Gemälde aus der Schweiz zu weiden. Auf taubengrauen, velourartig bespannten Stoffwänden hingen in wirkungsvollen Abständen das Mittelmeergemälde *Segelboote bei Saints-Maries*, ein *Selbstporträt*, ein *Sämann* und das *Weizenfeld bei Mondaufgang*. Sie trat vor die Segelboote und strich behutsam mit der rechten Hand über die Oberfläche. Feilchenfeldt stellte sich daneben, um die Beschaffenheit und den Farbauftrag zu studieren.

„Wundervoll, was für ein Genuss", hauchte er entzückt und sprach nicht weiter. Kurz herrschte Stille im Raum. Feilchenfeldt nahm die Brille ab, polierte die Gläser mit einem Damasttaschentuch sorgfältig auf Hochglanz. Dann setzte er die Brille wieder auf. „Herrlich. Ein wahrer Augenschmaus", seufzte er voller Genugtuung, während sein nun geschärfter Blick prüfend über das Bild glitt.

Grete trat in die Mitte des Raumes und stellte sich neben eine Buchenholzbank in der Mitte des Raumes, um die vier Bilder in ihrer Gesamtheit wirken zu lassen. Dass sie die Oberflächenstruktur irritierte, behielt sie für sich. Liegt es am Licht?, fragte sie sich und wunderte sich über den Unterschied zu den Leihgaben in den anderen Räumen. Genüsslich schlenderte sie weiter und strich mit dem Daumen über die Lippen, wie sie es manchmal tat, wenn sie mit sich und der Welt im Reinen war. Ihr fiel auf, dass auf allen Gemälden die Signaturen fehlten. Doch soweit sie sich erinnern konnte, war diese Abwesenheit im Werk van Goghs nicht unüblich, und sie schenkte diesem Umstand keine weitere Beachtung. Aus einem Impuls heraus, lief sie in Richtung der Fensterkurbel, um den Sichtschutz der Oberlichtscheiben aufzurollen. Wenige Schritte weiter zog sie mit einem kräftigen Ruck die dunkle Gardine vom einzigen Fenster im Raum.

Als hätte sich ein Dunstschleier vom Himmel gelöst, flutete gleißendes Sonnenlicht den Saal. Schlagartig veränderte sich die Atmosphäre. Feine Lichtstreifen fielen auf die Bilder, hoben winzige Unebenheiten und Staubkörnchen hervor, gnadenlos, genau wie Röntgenstrahlen.

Grete schluckte. Ihr Herz klopfte bis zum Hals. Täuschte sie sich, oder herrschte auf einmal eisige Kälte im Raum?

„Kann es sein ... ", holte sie aus und brachte den Satz nicht zu Ende. Sie stand vor *Weizenfeld bei Mondaufgang* und saugte jeden Pinselstrich in sich auf. Ihr Blick glitt über die Struktur der Leinwand, die Augen weit aufgerissen. Dann neigte sie den Kopf nach links, um im schrägen Licht die Maserung des Holzes und die glänzende Firnisschicht eingehend zu prüfen, als wollte sie das Werk bis in seine letzte Pore durchdringen.

Feilchenfeldt suchte ihren Blick. Er sah, wie ihr Gesicht die Farbe verlor und in die Blässe von Biskuitporzellan überging. Er schluckte. Schweigend verharrte er, eingeschüchtert von der plötzlichen Veränderung ihrer Miene. Die Luft zwischen ihnen schien sich zu verdichten, ein feines Zittern lag auf ihren Lidern. Das Flimmern ihrer Wimpern erschien ihm wie eine Botschaft, die er nicht zu deuten wusste. Ein Schauder lief ihm über den Rücken.

„Was ist?", rief er schließlich, als sie nicht weitersprach. Seine Stimme schnitt grell und von aufsteigender Panik durchzogen durch die Stille. Seine Gesichtszüge entgleisten ihm zu einer verzerrten Fratze, die Augen verengten sich zu schmalen Schlitzen.

„Ich fürchte ..., ich glaube", wisperte Grete, ohne die Augen von der Weizenlandschaft nehmen zu können, „man hat uns einen Bären aufgebunden."

Das strahlend helle Wintersonnenlicht im Raum hob selbst den schwächsten Pinselstrich plastisch hervor und entblößte eine Reihe glanzloser, pastoser Farbpartikel in einer Gleichmäßigkeit, die nicht van Goghs Stil entsprachen.

„Was ist mit der wilden Strichführung und der typischen, leuchtenden Farbigkeit? Im Vergleich zu den Gemälden nebenan – sie schimmern dagegen. Dieses hier wirkt stumpf, matt, wie grobe Baumwollflicken in einem Brokatgewand ..."

Benommen und mit pochendem Herzen hob Grete das Bild von der Wand und stellte es vor sich auf den Boden. Zittrig tastete sie die Rückseite ab, prüfte das raue Holz, betrachtete die Spannkante und führte schließlich die Nase dicht an die Leinwand. Es ist Leinen, stellte sie nüchtern fest, während sie Feilchenfeldt eindringlich ansah – vermutlich belgisches Leinen, edel und hochwertig. Doch van Gogh hatte einfache Jute benutzt, nie kostspieliges Material. Das konnte er sich nicht leisten.

Feilchenfeldt stand reglos daneben, verfolgte Gretes Tun nur aus dem Augenwinkel, während seine Hand wie mechanisch in die Jackentasche glitt, um umständlich eine Lupe hervorzuziehen. Ein kaum vernehmbares Stöhnen entfuhr seiner Kehle – das Unbehagen verstärkte die pochenden Zahnschmerzen, die ihn ohnehin zermürbten. „Sieh mal", sagte er. „Hier ist die Farbe abgeplatzt." Er hielt die Lupe über die Rückseite des Bildes und untersuchte mit dem zugekniffenen linken Auge die Oberfläche. Zweimal drückte er den rechten Zeigefinger kräftig auf das Holz. Winzige blaue und gelbe Farbreste blieben an seinem Finger kleben. Er betrachtete die schmutzige Kuppe. Feine Farbpartikel rieselten zu Boden, als er sie gegen den Daumen rieb. „Wenn ich das sehe, klingeln bei mir sofort die Alarmglocken. Das ist eindeutig. Die Farbe ist jüngeren Datums, keinesfalls alt – und das Holz darunter ebenso wenig."
„Fälschungen!", entfuhr es Grete schärfer, als sie beabsichtigt hatte. „Das sind keine Originale! Keine van Goghs! Wir wurden getäuscht." Sie strich sich über die geröteten Augen, wischte eine hartnäckige Träne fort – mehr aus Ärger als aus Schwäche. „Und jetzt? Was tun?"

Mit festem Schritt durchmaß sie den Saal, blieb vor jedem der vier Gemälde stehen, prüfte, suchte nach einer Erklärung. „Diese Bilder bleiben auf keinen Fall an der Wand", sagte sie schließlich ruhig, aber von eisiger Entschlossenheit durchdrungen.

Sie atmete tief durch, ballte die Hände, um den Zorn zu bändigen. „Wir werden herausfinden, wer dafür verantwortlich ist. Und zwar gründlich."

„Dass Wacker uns in diese Lage bringt … nicht zu fassen", zischte Feilchenfeldt und prüfte mit der Lupe die einzelne Farbschichten. Seine Hände zitterten vor Wut. „Unfassbar! Der Kerl hat unser Vertrauen skrupellos missbraucht! Ohne mit der Wimper zu zucken. Wie kann er so dumm sein zu glauben, dass er uns uns derart hinters Licht führen und unsere Kunden zum Narren halten kann?" Plötzlich stockte er und sah Grete eindringlich an. „Wenn du mich fragst, haben de la Faille und Meier-Graefe die Bilder nie mit eigenen Augen gesehen. Anders lässt sich das Desaster nicht erklären. Sie hätten es sehen müssen."

Grete spürte, wie sich der Gedanke in ihrem Kopf festsetzte. Wenn sie schon selbst auf den ersten Blick merkten, dass hier etwas nicht stimmte, wie konnten dann sogenannte Experten überzeugt sein, die Bilder seien Originale? Da passte etwas ganz und gar nicht zusammen. War es Vorsatz oder bloße Arroganz? Wollten sie ihnen schaden? Oder kannten sie die Werke wirklich nur aus Publikationen?

Feilchenfeldt hielt den feuchten Lappen an seine pochende Wange, versuchte, sich den Schmerz nicht anmerken zu lassen, während Grete weiter überlegte. Vielleicht ließ ein Obolus seitens Wackers großzügig über die Schwächen hinwegsehen. Eventuell wollte de la Faille das Erscheinen seines Werkverzeichnisses nutzen, um die Van-Gogh-Ausstellungen als Plattform zu instrumentalisieren. Mit jedem Werk stieg sein Stern, und sein Buch würde mehr Aufmerksamkeit bekommen – auf Kosten anderer. Und Meier-Graefe? Hatte er den Auftrag auf die leichte Schulter genommen und sie fahrlässig als Nebensache behandelt?

Grete spürte Empörung in sich aufsteigen. Konnten die Männer wirklich annehmen, dass das Gemauschel unbemerkt bleiben würde? Glaubten sie ernsthaft, sie würden den Unterschied nicht erkennen oder großzügig über offensichtliche Fälschungen hinwegsehen? Wegen Geld? Wegen Prestige? Ihr Ruf stünde auf dem Spiel. Die Bilder der Öffentlichkeit zu präsentieren wäre eine unbeschreibliche Blamage. Peinlicher ging es nicht. Kein verantwortlicher Kollege würde das tolerieren. Die Kunden würden ausbleiben, und der Spott der Branche wäre ihnen sicher.

Feilchenfeldt verzog das Gesicht, als hätte er in einen sauren Apfel gebissen. „Ich könnte mir allerdings vorstellen, dass Wacker tatsächlich denkt, wir würden bei seinem Spielchen mitmachen. Vielleicht ist es ein Test: Er will sehen, ob wir ein Auge zudrücken und stillschweigend Unregelmäßigkeiten tolerieren, sobald es ums

Geld geht. Korrupte Kunsthändler gibt es bekanntlich wie Sand am Meer. Vielleicht glaubt er auch, dass seit Cassirers Tod Schlendrian eingezogen ist und wir es mit Einlieferungen nicht allzu genau nehmen."

Seufzend drehte er sich zu den Bildern und begann damit, sie nacheinander von der Wand zu heben. Grete half im stillen Einvernehmen, sie mit der Bildfläche zur Wand in einer dunklen, wenig benutzten Besenkammer unterzubringen. Als sie fertig waren, schloss Feilchenfeldt die Tür sorgfältig zweimal ab. Den Schlüssel legte er auf den Boden einer leeren Vase in seinem Arbeitszimmer. Nur Grete wusste Bescheid. Kein Unbefugter sollte zufällig auf die Machwerke stoßen. Darin waren sich beide einig.

Als Verantwortliche des Desasters verständigten sie sich darauf, die Ausstellungseröffnung wegen Krankheit abzusagen. Eine überzeugendere Ausrede fiel ihnen auf die Schnelle nicht ein. Sie benötigten Zeit, ihre Gedanken zu ordnen und über Konsequenzen nachzudenken, vielleicht sogar Ersatzbilder zu organisieren. Trotz der Schlappe einigten sie sich darauf, die Ausstellung ohne viel Tamtam, wie Feilchenfeldt sich ausdrückte, zu einem späteren Zeitpunkt zu eröffnen.

„Das sind wir den Leihgebern schuldig", sagte er mit Nachdruck. „Wir müssen den Schaden begrenzen – und den Ärger unserer Kunden so gering wie möglich halten."

Grete setzte sich wortlos an den Schreibtisch. Mit ruhigen, beinahe mechanischen Bewegungen begann sie, eine Liste jener vertrauten Namen zu erstellen, die als Erste von der Absage erfahren sollten. Danach griff sie in die Schublade, zog ein Stück Pappe hervor, wählte einen Stift, als ginge es um ein Ritual, und schrieb in sorgfältiger, fast altmodisch anmutender Schönschrift einen Hinweis für die Eingangstür. Langsam lichtete sich das Gedankenrauschen. Doch in ihr arbeitete etwas dumpf und heiß: ein lautlos pochender Wunsch nach Vergeltung. Und während ihre Hand die letzten Buchstaben vollendete, sehnte sie still, aber mit schneidender Klarheit die Gelegenheit herbei zurückzuschlagen – nicht laut, aber bestimmt.

Kurz nach sechzehn Uhr marschierte Otto Wacker leise vor sich hin pfeifend durch die Eingangstür in die Räume des Kunstsalons Cassirer. Das Schild mit der Ausstellungsabsage an der Tür hatte er übersehen. Das Lehrmädchen lächelte, als es die eingängige Melodie erkannte und er mit der Hand an die Stirn tippte, um eine Begrüßung anzudeuten. Mit dem Lied „Onkel Bumba aus Kalumba tanzt nur Rumba" war sie vertraut, es gehörte zu ihren Lieblingsliedern.

Nichts deutete in diesem Moment darauf hin, dass der selbstbewusste Besucher, beschwingt von seinem meisterhaften Coup, kaum dreißig Minuten später das Gebäude wie ein geprügelter Hund wieder verlassen würde. Statt sich Beifall für die Qualität der Bilder und die ausgeklügelte Hängung abzuholen, empfingen ihn Spott und Hohn. Der lautstarke Streit, der folgte, veranlasste ihn, Hals über Kopf aus Gretes Arbeitszimmer zu flüchten. Das Lehrmädchen sprang erschrocken zur Seite, als Wacker wutschnaubend vorbeistürmte und es dabei fast umrannte. Grete blickte ihm wütend hinterher, die Hand zur Faust geballt, ihr Kopf puterrot. Sie sah noch, wie er an der nächsten Straßenecke stehenblieb, in die Jackentasche griff, ein Päckchen hervorzog und sich eine Zigarette anzündete.

„Er raucht bestimmt Manoli", schnaubte Grete verächtlich und musterte Feilchenfeldts blasses Gesicht, der in sich gekehrt im Sessel hing und zunehmend mit den Zahnschmerzen kämpfte. „Diese Luxusmarke passt zu diesem Schnösel!", rief sie zornig, ohne zu wissen, ob es stimmte oder ob nur ihr Ärger sprach. Sie beobachtete, wie Wacker gierig am Glimmstängel zog. Dann blickte er zum Fenster. Hasserfüllt, dachte Grete. Doch sie hielt seinem Blick stand und sah, wie er binnen weniger Sekunden mit schnellen Schritten aus ihrem Sichtfeld entschwand.

OTTO

Otto stöhnte. Schweißperlen traten auf seine Stirn, das Herz hämmerte gegen die Brust. Ihm war heiß, atemlos rang er nach Luft. Die dritte Cognac-Polonaise zehrte an seinen Kräften – ein Tanz, der ihm überhaupt nicht lag. Er glaubte zu spüren, wie der Alkohol durch seine Adern rauschte. Oder bildete er sich das nur ein?

Auf den Knien robbte Otto über das Parkett, in der Hand ein gut gefülltes Cognacglas, das er mühsam im Takt der Musik balancierte. Plötzlich rutschte ihm das Glas aus den Fingern und zerschellte mit einem schrillen Klirren am Boden. Bernsteinfarbene Flüssigkeit ergoss sich in einem Schwall über das helle Holz und hinterließ glänzende Spuren.

Schwankend richtete er sich auf, die Augen halb geschlossen. Der Boden schien sich unter ihm zu drehen. Mit wackligen, breiten Schritten torkelte er auf einen Kaffeehausstuhl zu, ließ sich darauf sinken und atmete tief durch. Die Scherben sammelte er schließlich auf und warf sie in den Aschenbecher auf dem Tischchen vor ihm.

Die Waldoff mit ihrem dunklen Schlips, der weißen Hemdbluse und den bronzeroten, knisternden Bubihaaren bekam gar nicht genug vom Tanzen. Er beobachtete sie. Geschickt war sie, wendig und auch ein wenig lasziv. Leichtfüßig absolvierte sie die watscheligen Schritte. Sie hatte Übung mit dem Tanz. Und Spaß daran – das sah er ihr an. Er hatte am Eingang gelesen, dass die Polonaise jeden Montagabend stattfand. Tingeltangel war das in seinen Augen. Schwof für das gemeine Publikum, für Anfänger. Nicht seine Welt.

Otto blickte sich im Toppkeller um. Was er sah, gefiel ihm. Einige Damen trugen Männerkleidung: Smoking, Frack und Dreiteiler, manche auch legere, helle Anzüge mit Hosenträgern oder Knickerbocker. Andere liefen freizügig in Seidenwäsche umher. In süßlichen Farben saßen sie kokett in einem Hauch von Nichts am Tresen, hielten lange Zigarettenspitzen in der Hand und qualmten Rauchschwaden in die Luft.

Einer jungen Schönen rutschte beinahe der zitronengelbe Träger von der Schulter und legte viel nackte Haut frei. Die Blondine mit den prallen, leuchtend roten Lippen war sich ihrer Wirkung voll bewusst. Otto sah interessiert zu, wie sie eine lederimitierte Schachtel mit Puderquaste aus einem winzigen Handtäschchen zog und mithilfe des Spiegels ihr Gesicht üppig bestäubte. Sie warf ihm einen verächtlichen Blick zu, als sie ihn bemerkte – er entsprach so gar nicht ihrem Beuteschema.

Verlegen blickte er zur Seite, bemerkte einen kräftigen, würzigen Duft aus Lavendel und Moschus, der ihm in die Nase stieg. Er schnupperte und atmete das Aroma mehrfach tief ein. Für seinen Geschmack gingen die anwesenden Damen zu verschwenderisch mit Duftwasser um. Das Gemisch an Gerüchen und Ausdünstungen entsprach nicht seinen Vorstellungen und überforderte seine Sinne.

Die Schminke fing an zu jucken, er fühlte sich unwohl und wedelte sich mit der Getränkekarte Luft zu. Beim Bestellen eines frisch gezapften Bieres warf er einen flüchtigen Blick auf die Wanduhr und mahnte sich zur Eile: In spätestens dreißig Minuten musste er gehen. Sein Schweizer Verehrer war in der Stadt, wartete auf ihn im Eldorado. Es gab viel zu besprechen, doch Erich wusste nichts davon. Und das war vielleicht auch besser so. Sonst hätte er sich aufgeregt.

Der Kellner stellte das Glas vor ihm ab. Gierig sog Otto die Schaumkrone ein, trank einen großen Schluck von dem kühlen Getränk und leckte sich die Lippen. Er drehte sich zur Seite und sah nach Claire, die noch immer wild tanzte. Sie war der Anlass, der ihn in den Toppkeller geführt hatte. Er hatte gewusst, dass er sie dort antreffen würde – und ihre gute Laune hatte ihm eine kurze Flucht aus seinen düsteren Gedanken ermöglicht.

Das Desaster vom Nachmittag steckte ihm noch in den Knochen. Beim Gedanken an die Blamage fing sein Herz an zu hüpfen. Seine Stimmung trübte sich wieder ein. Nun war eingetreten, was er unbedingt hatte vermeiden wollen, und er machte sich schwere Vorwürfe. Hatte er Grete Ring unterschätzt? Jetzt war es zu spät. Sie war ihm auf die Schliche gekommen. Das mühsam aufgebaute Kartenhaus war innerhalb weniger Minuten krachend eingestürzt. Trotz Preisexplosionen und knallharter Konkurrenz auf dem Kunstmarkt bewahrte sie einen unbestechlichen Blick und entpuppte sich als Frau von Format, die keine Schwächen duldete. Otto trank einen weiteren Schluck. War die Geschäftsanbahnung zum Kunstsalon Cassirer ein Fehler gewesen?, fragte er sich bitter.

Zunächst hatte alles unkompliziert begonnen. Sowohl der prominente Kunstschriftsteller und Van-Gogh-Experte Meier-Graefe als auch sein holländischer Kollege de la Faille hatten sich äußerst kooperativ gezeigt, als sie vor Monaten um Hilfe gebeten wurden, ihre Kenntnisse in den Dienst des Ausstellungsprojekts stellen. Insgeheim hatte sich Otto gewundert, wie mühelos es gelungen war, sie zur Erstellung der gewünschten Gutachten zu bewegen. Dem einen reichte die Beschreibung der Werke mit dem Hinweis auf Referenzkataloge, dem anderen genügten Fotoabbildungen. Keiner hatte darauf bestanden, in die Schweiz zu reisen – sie waren schlicht zu beschäftigt. Nur bei der Honorarforderung waren sie hart geblieben, hatte er von Grete Ring erfahren. Das er daran nicht unschuldig war, musste sie nicht wissen. Er hatte die Gutachter ermuntert, bei der Vergütung unnachgiebig zu bleiben – im Bewusstsein, dass er damit zugleich seine eigene Position festigte. Der Betrag musste beträchtlich gewesen sein. Und eitel, wie sie waren, lockte sie wohl auch das Versprechen, bei der Eröffnung namentlich erwähnt zu werden und öffentlich Dank zu erhalten.

Otto strich mit der Hand über sein pomadig glänzendes Haar. Er schnupperte, bemerkte einen leichten Schweißgeruch unter seinem Hemd und knöpfte es weiter auf. Ein Blumenmädchen zog mit einem Bauchladen von Tisch zu Tisch. Einige Herren kauften kleine, bunte Sträußchen und überreichten sie ihren strahlenden Begleiterinnen. So einfach war es, Freude zu bereiten, sinnierte er, und wandte den Blick von den lachenden Menschen ab. Seine dunklen Gedanken glitten in Melancholie. Er sorgte sich um seine Existenz. Wie sollte es finanziell weitergehen? Rücklagen hatte er keine. Musste er gar mit einer Strafanzeige rechnen? Unruhig rutschte er auf dem Holzstuhl hin und her. Einen jungen Mann, der sich zu ihm setzen wollte, wies er schroff zurück. Der andere zuckte zusammen, starrte ihn entgeistert an und setzte sich schließlich irritiert an den Nachbartisch.

Seine Kunsthandlung warf bislang wenig ab. Die Kosten überstiegen die Einnahmen, und die aktuelle Van-Gogh-Ausstellung trieb die Schulden weiter in die Höhe. Was niemand wusste: Die Schildchen unter einigen Zeichnungen waren bloß Staffage. Bis auf wenige Ausnahmen standen die Werke gar nicht zum Verkauf – es handelte sich um unverkäufliche, private Leihgaben, deren Besitzer weit entfernt von Berlin lebten und nichts davon ahnten. Wegen dieser Mauschelei nagte das schlechte Gewissen an ihm. Sein Ruf als erfolgreicher Geschäftsmann war sein Kapital. Wer wollte schon mit einem Verlierer Geschäfte machen?

Otto leerte sein Glas, erhob sich vom Stuhl und nickte Claire im Vorübergehen zu. Er war froh, dem dunstgeschwängerten Etablissement zu entkommen. Draußen sog er die frische Nachtluft durch die Nase ein und bog in die Schwerinstraße ein. Geschminkte Jungs mit schmalen Taillen, die eher wie Schüler aussahen als wie Profis, drängten sich im Gewirr der Straßen rund um den Bülowbogen. In den Schatten der Mauern lauerten Koksdealer, die Blicke wachsam auf mögliche Kundschaft gerichtet. Der Anblick bedrückte ihn. Während er weiterlief, verlor er sich in Gedanken über den Niedergang der bürgerlichen Moral. Jeder schien nur auf seinen Vorteil bedacht, musste sehen, wie er durchkam – und manche suchten den schnellen Weg, ohne Rücksicht auf andere.

In Berlin feierte die Jugend das Leben – und die sexuelle Freiheit. Er seufzte. Die zur Schau gestellte Maßlosigkeit widerte ihn an. Für den Tanz auf dem Vulkan verspürte er schon lange keine Neigung mehr. Nächte in abgedunkelten Bars mit Staatssekretären und einflussreichen Finanzjongleuren, die in ihrer Sehnsucht nach weltstädtischer Verruchtheit hemmungslos betrunkene Matrosen umschmeichelten oder minderjährige Schuljungen in Mädchenkleider steckten, gingen ihm zunehmend auf die Nerven. Perversion war zur Mode geworden – doch seine Welt war sie nicht.

Die mondänen Etablissements zogen Vergnügungssüchtige aus der Provinz an wie Licht die Motten – nur dass sie sich am Ende gehörig die Finger verbrannten.

Otto bog in die Lutherstraße ein, lief durch Hausbögen und Tore, bis er schließlich vor dem Eingang des verschwiegenen Eldorado stand. Mit diesem Nachtlokal-Besuch sprang er über seinen Schatten. Er ging nur selten privat aus – und wenn, dann mit Erich, der lieber eine gediegene Kneipe aufsuchte, als sich ins frivole Nachtleben zu stürzen.

Er zog dreißig Pfennig aus der Tasche, drückte sie dem Kassierer in die Hand und lief – unter Missachtung der Garderobe – direkt in den mit Girlanden geschmückten Tanzsaal, wo eine schrille Brettldarbietung im Gange war. Eine männliche Chanteuse trällerte in grellem Sopran zweideutige Pariser Lieder. Im Hintergrund der Bühne erspähte er vier Musiker mit Blasinstrumenten, die vermutlich auf ihren Einsatz warteten.

Am Rand der Tanzfläche drängte sich eine Gruppe auffällig geschminkter Transvestiten in gewagter Kleidung. Ihre hungrigen Blicke schweiften durch die Menge auf der Suche nach vermeintlich lukrativen Gelegenheiten. Zwischen einem jungen Pärchen in eleganter Abendrobe, das vermutlich einen Abstecher in das verrufene Nachtleben wagte, und zwei Männern in weiß-blau gestreiften Matrosenanzügen schob Otto sich hindurch. Ein leichter Bratwurstgeruch und kalter Rauch wehten ihm entgegen, während er sich seinen Weg zum hinteren Raum des Etablissements bahnte.

Hier ging es ruhiger zu. Auf den kleinen Kaffeehaustischen flackerte unter bunten Lampenschirmen ein schummriges Licht und tauchte den Raum in sanfte Dämmerung. Gepolsterte Sessel und ein Sofa luden zu gepflegter Unterhaltung und intimer Zweisamkeit ein und verliehen dem Raum eine behagliche Atmosphäre.

Kaum betrat Otto den Raum, sprang seine Verabredung auf und begrüßte ihn mit einer festen Umarmung. „Schön, dass wir uns sehen", hauchte ihm der Schweizer entgegen, bemüht, seinen Akzent zu verbergen. Mit einem Lächeln deutete er auf den Platz neben sich. Vor ihm standen ein silberner Kübel mit Champagner und zwei schlanke Gläser. Er griff nach der Flasche und schenkte das prickelnde Getränk ein.

Eine Stunde später lagen sie sich in den Armen und tanzten eng umschlungen. Otto konnte nicht widerstehen, raffinierte Elemente in den Takt der Musik einzubauen. Es war nun mal sein Metier. Als er bemerkte, dass sich mehrere Köpfe nach ihm umdrehten, besann er sich und lenkte ein. Heute wollte er nicht im Mittelpunkt stehen – das wäre unpassend gewesen. Er führte seinen Partner weiter, wiegend und schwingend, vorbei an dicht gedrängten Tänzern: Effeminierte Männer in Frauenkleidern mischten sich unter gewöhnliche Berliner Vorstadtpärchen, und alles floss in einem taumelnden Rhythmus aus Musik, Parfüm und Schweiß dahin.

Plötzlich trat ein mädchenhafter Revuestar in das Scheinwerferlicht der Tanzfläche und wirbelte leichtfüßig anmutige Pirouetten. Alle Tänzerinnen und Tänzer wandten sich ihr zu. Nackt bis auf ein Brustschild und einen Schamgurt bot sie einen fesselnden Anblick, dem sich niemand entziehen konnte – alle starrten gebannt. Otto rätselte, ob es ein Mann oder eine Frau war. Seine Sorgen waren für einen Moment verflogen. Er ließ alles hinter sich. Nichts sollte zählen außer Ablenkung – dem süßen Rausch des

Vergnügens, dem prickelnden Gefühl des Augenblicks, in dem Verstand und Vernunft für ein paar Stunden verstummten.

Behutsam hatte er dem Schweizer Freund klargemacht, dass er seine Dienste künftig nicht mehr in Anspruch nehmen würde. Bilderrahmen brauchte er nicht mehr – und damit auch nicht seine Fertigkeiten beim präzisen Positionieren und Ausrichten der Gemälde. So vorsichtig er es auch formuliert hatte, die Enttäuschung im Gesicht des Freundes war unübersehbar. Es tat ihm leid; er mochte ihn aufrichtig.

Um die Stimmung aufzuhellen, hatte er ein Tänzchen vorgeschlagen. Jetzt drehten sie gemeinsam ihre Runden über das Parkett, und der Schweizer strahlte über das ganze Gesicht. Den Stolz, mit einem Profi wie ihm zu tanzen, konnte man ihm ansehen.

12. JANUAR 1928

Am Morgen nach dem geplatzten Eröffnungstag durchlebte Grete eine Sturmflut der Gefühle. Sie erwachte um fünf Uhr in der Frühe mit leichten Kopfschmerzen und fühlte sich wie von einem Druckverband auf die Matratze gepresst. Ihr Puls raste, gleichzeitig war sie außerstande, sich zu erheben; an Schlaf war nicht mehr zu denken. Ihr Gedanken wanderte nach Sacrow, zu ihrem fertiggestellten Haus, das Büning binnen weniger Monate aus dem Nichts erschaffen hatte – ein Ort, der sich zu ihrem Nest, ihrem Zufluchtsort entwickelt hatte. Sie sehnte sich dorthin zurück. Dorthin, wo im Sommer die Türen zum Steingarten weit offenstanden, die Dachterrasse den Blick auf den See freigab und der lichtdurchflutete Wohnraum mit seiner großzügigen Verglasung den Garten ins Innere holte – ein Ort, der Leichtigkeit atmete und Freiheit versprach.

Vorsichtig tastete sie mit der Hand nach der Nachttischlampe auf dem Schränkchen rechts von ihr, knipste sie an und setzte sich vorsichtig auf, um nach dem Buch auf dem Nachttisch zu greifen. Seit Tagen lag es dort unberührt. Sie schob sich das Kopfkissen in den Nacken, zog ihr hochgerutschtes Nachthemd über die Knie und wickelte die Bettdecke um die Füße.

„Zugeeignet der verehrten Dr. Grete Ring in treuer Verbundenheit", las sie auf der ersten Seite in der schwungvollen Schönschrift des Verfassers Jacob-Baart de la Faille. Sie gähnte. Die Widmung war ihr bisher nicht aufgefallen. Sie hatte das umfangreiche Werkverzeichnis von ihm geschenkt bekommen und bisher nur flüchtig durchgeblättert. Dem Mann mangelt es gewiss nicht an Selbstbewusstsein, dachte sie peinlich berührt beim Anblick der Unterschrift, um die sie den Autor nicht gebeten hatte. Unbewusst schüttelte sie den Kopf. Sie kannte den Niederländer nur oberflächlich; die Vertragsverhandlung hatte Feilchenfeldt geführt. Vermutlich wollte der eitle Fatzke ihr schmeicheln oder ihre Gunst gewinnen.

Die Erinnerung an den gestrigen Tag schnürte ihr erneut den Magen zusammen, als hätte ihr jemand einen schweren Stein auf den Bauch gelegt. Die Vorstellung, einem Betrüger auf den Leim gegangen zu sein, brannte wie ein Feuer in ihr und war kaum zu ertragen. Sie streckte die Arme nach oben, räkelte sich und spürte die Steifheit ihres Körpers. Alles schmerzte, jede Faser war angespannt. Hatte sie verkrampft geschlafen? Mit den Zähnen geknirscht? Mit einem bitterem Nachhall durchfuhr es sie: Beinahe wären sie ins Verderben gestürzt. Warum hatten sie die Vorbereitung der Ausstellung nicht besser begleitet? Warum nicht genauer hingeschaut, statt Wacker unkontrolliert machen zu lassen? War ihr Vertrauen in die beiden Experten zu groß gewesen?

Ihr Blick blieb auf dem Buch in ihrer Hand haften, die erste Seite verschwamm vor ihren Augen; sie las denselben Satz immer wieder, ohne ihn zu erfassen. Die Nervosität nagte an ihr, ihre Gedanken glitten davon.

Wie gern wäre sie jetzt in Sacrow. Dann zöge sie Handschuhe an, spürte die Kälte auf der Haut, schnitte Sträucher und Rabatten zurück und machte den Garten winterfest – und tauchte dabei in eine Welt, die nichts mit ihren Sorgen zu tun hatte. Doch stattdessen drängte sich alles zugleich in ihr Bewusstsein. Die letzten Monate vergingen in ihrem Kopf noch einmal in raschem Takt – Termine, Absprachen, Verpflichtungen, die sich ineinanderschoben, ohne Pause, ohne Lücke.

Sylt wirkte fern, fast unwirklich: salzige Luft, weite Horizonte, Tage, die sich dehnten. Jetzt blieb davon nur ein flüchtiges Gefühl, das sofort wieder vom nächsten Gedanken verdrängt wurde.

Sie hatte erst vor wenigen Tagen einen Text für *Kunst und Künstler* beendet. Kaum hatte sie das abgeschlossen, forderte schon die nächste Aufgabe ihre Aufmerksamkeit: die Münchner Sammlung Boisserée. Zweihundert romanische Tafelgemälde, die geordnet, beschrieben und verstanden werden wollten.

Grete sah die Bilder vor sich, die Farben, die feinen Risse im Holz, die Spuren der Zeit. Die Anfrage aus Bayern hat sie zunächst innehalten lassen – zu groß, zu anspruchsvoll, hatte sie gedacht. Doch dann spürte sie dieses innere Drängen in ihr, sich genau solchen Aufgaben zu stellen, sie zu durchdringen, ihnen gerecht zu werden und den Kollegen zu zeigen, dass sie mithalten konnte.

Auch wenn ihr die Kunst des Mittelalters nicht vertraut war, wollte sie sich die Materie systematisch erschließen. Ein mühsamer, mitunter zäher Weg – aber einer, der sich auszahlte: Der Aufsatz wurde großzügig honoriert. Da bei Cassirer jeder zusätzliche Betrag willkommen war, hatte sie den Auftrag mit Überzeugung angenommen. Ein willkommener Nebeneffekt lag im gesteigerten Renommee des Hauses durch die Veröffentlichung in der Fachzeitschrift, während sie selbst von den neu gewonnenen Kenntnissen profitierte. Gerade diesen Lerneffekt schätzte sie besonders – er war einer der Gründe, weshalb sie ihren Beruf im Kunsthandel mochte. Stillstand und Routine waren ihr ein Gräuel.

Der Groll nagte an ihr. Die Unruhe blieb. Immer wieder fragte sie sich, wie es zu dieser Situation hatte kommen können. Warum waren sie bloß so vertrauensselig gewesen? Vorwürfe stiegen in ihr auf. Die Absage der Eröffnung bedeutet einen Tiefpunkt ihrer beruflichen Laufbahn und auch eine persönliche Niederlage. Noch wusste die Kundschaft nichts von den Vorgängen im Hause. Umso größer war ihrer Sorge, dass Mitarbeiter plaudern würden oder die Presse voreilig Wind davon bekommen könnte. Sie stellte sich vor, wie Journalisten Raubtieren gleich sich auf Feilchenfeldt und sie stürzen würden, um jedes Detail auseinanderzunehmen. Sensationslüstern, wie die Berliner nun einmal waren, versprachen Skandale hohen Unterhaltungswert. Vor ihrem inneren Auge sah sie bereits die Schlagzeilen: „Renommierte Galerie fällt auf Betrüger herein“ oder „Berliner Kunsthandel – Brutstätte mysteriöser Fälscher“. Sie fürchtete Berichte, die ihnen Habgier oder gar kriminelle Verstrickungen unterstellen könnten – und damit den Ruf ihrer angesehenen Kunsthandlung nachhaltig beschädigten. Allein der Gedanke daran ließ sie erschauern.

Unwillkürlich musste sie an die Trauerfeier für Paul Cassirer denken. Sie schluckte. Kaum zwei Jahre war es her, dass Feilchenfeldt und sie, von stiller Schwermut erfüllt, beim Leichenschmaus einander geschworen hatten, sein Erbe nach bestem Wissen und Gewissen fortzuführen und das Renommee der Kunsthandlung zu wahren. Tief bewegt hatte Feilchenfeldt den sichtlich ergriffenen Mitarbeitern an jenem Tag verkündet, er werde fortan mehr denn je seine Zeit und Kraft in den Dienst der Galerie stellen, um die anspruchsvolle Kundschaft weiterhin auf gewohnt hohem Niveau zu betreuen. Und in einem Anflug von Sentimentalität hatte sie hinzugefügt, dass sich niemand um den Verlust seines Arbeitsplatzes sorgen müsse.

Sie schlug die Bettdecke zurück, setzte sich im Schneidersitz auf und betrachtete ihre Zehen. Und nun diese Blamage. Selbstzweifel nagten an ihr. Nie wäre ihr in den Sinn gekommen, dass sie selbst zum Opfer krimineller Machenschaften werden könnte.

Hatten sie sich zu blauäugig auf die Kompetenz Dritter verlassen, als sie de la Faille mit der Begutachtung der Schweizer Bilder betraut hatten?

Ein Frösteln durchlief sie , während sie über den entstandenen Schaden nachdachte – über die entgangenen Verkäufe ebenso wie über den Aufwand, der in die Vorbereitung geflossen war. Sie lehnte sich zurück, zog die Bettdecke bis über das cremefarbene Seidennachthemd und versuchte erneut, sich auf die Lektüre des Werkverzeichnisses zu konzentrieren.

Wenige Minuten später klebten ihre Augen an den Buchstaben – der anfänglichen Lustlosigkeit wich ein wachsendes Interesse. Körperliche Anspannung trat an die Stelle der inneren Lähmung. Ungläubig blätterte sie durch die Seiten und schlug immer wieder dieselben Stellen auf: Die Besitznachweise „Otto Wacker“ und „Collection privé, Suisse“ tauchte überraschend häufig auf. Doch wo waren die ergänzenden Literaturangaben, wie sie bei wissenschaftlichen Arbeiten üblich sind? Eine Leerstelle, die sich durch alles zog. Selbst im Anhang – nichts. Konnte es sein, dass nicht nur die vier großformatigen Bilder ihrer Ausstellung Fälschungen waren?

Drei Stunden später saß Grete Feilchenfeldt in seinem Büro gegenüber. Tief in den durchgesessenen Louis-XIV-Sessel gedrückt, verfolgte sie jede seiner Bewegungen, während er mit stummen Mundbewegungen las. Nervös kaute sie auf den Lippen und wünschte sich sehnsüchtig, ihren Kopf von den wirbelnden Gedanken befreien zu können. Sie wollte seine Reaktion um keinen Preis verpassen. Jeder Atemzug, jeder Blick schien über ihr Schicksal zu entscheiden. Um sich abzulenken, spielte sie mit dem Gedanken, ausgewählte Stammkunden zu einem Aperitif einzuladen – ein dürftiger Ausgleich zur ausgefallenen Eröffnung. Feilchenfeldt hatte ihr versichert, dank seiner ausgezeichneten Verbindungen ergänzende Werke von Malern aus dem Umkreis van Goghs beschaffen zu können, um die Lücke in der Ausstellung zu schließen. So ließen sich die Türen der Ausstellungsräume vielleicht doch noch öffnen – wenn auch nicht in der ursprünglich geplanten Form. Immerhin bot sich die Chance, eine umfassende Werkschau des Künstlers zu präsentieren, die den Leihgebern das Gefühl geben würde, ihre Schätze nicht umsonst ausgeliehen zu haben.

Plötzlich sah Feilchenfeldt auf, zwinkerte ihr zu und schnippte mit den Fingern. „Komm, Grete, bitte setz dich zu mir. Vier Augen sehen mehr als zwei.“ Er stand auf, um mit ihrer Hilfe den schweren Sessel neben seinen Schreibtisch zu heben, damit sie gemeinsam durch den Katalogteil mit den Abbildungen des Werkverzeichnisses blättern konnten. Insgesamt zählten sie dreiunddreißig Werke, die unter „Collection privé, Suisse“ aufgeführt wurden und die sie derzeit für nicht von van Gogh stammend hielten, sondern von einem unbekannten Künstler.

„Meiner Ansicht nach offenbaren sich hier die Folgen einer gewinnorientierten Mentalität, einer menschlichen Schwäche – genährt von der Gier einiger“, sagte Feilchenfeldt mit einem Seufzer und verwies auf die wirtschaftlichen Unsicherheiten der letzten Jahre.

„Heillose Zeiten sind das!“ Er stand auf und tänzelte unruhig durch den Raum. Grete schwieg. Sie blätterte durch die Seiten mit nachdenklichem Blick.

„Geld ist knapp. Die Leute verdienen wenig, wenn überhaupt. Arbeit? Kaum zu kriegen. Wer will es da einem talentierten Hobbymaler oder verkannten Künstler ernsthaft verübeln, wenn er sich mit Reproduktionen über Wasser hält – und damit ein einträgliches Auskommen findet?“

Grete legte das Buch zur Seite, begegnete Feilchenfeldts Blick und nickte.

14. JANUAR 1928

„Wir müssen die Kollegen vom Verband informieren", sagte Grete am zweiten Tag nach der verhängnisvollen Entdeckung. „Unseren Verdacht, dass weitere Fälschungen im Umlauf sind, gilt es zu belegen. Wackers Manipulationen müssen bekannt gemacht werden."

„Ist das nicht längst zu spät?", grummelte Feilchenfeldt. „Ein Blick ins Werkverzeichnis genügt, und es wird klar: Er hat nicht nur uns gefälschte Werke untergeschoben. Wie groß der Schaden ist und wie viele gutgläubige Kollegen ihm aufgesessen sind, lässt sich nicht mehr überblicken.

Grete blickte betreten zu Boden. Plötzlich hob sie den Kopf und sagte in einem kämpferischen Ton: „Vermutlich ist das Ausmaß weit größer, als wir ahnen. Deshalb müssen wir versuchen, ihm so schnell wie möglich das Handwerk zu legen. Ich erinnere mich daran, wie Wacker erzählte, dass er bereits vor der Eröffnung seiner Galerieräume unter der Hand mit Kunst gehandelt hat. Wenn das stimmt und er seine Geschäft tatsächlich schon länger betreibt, will ich mir gar nicht ausmalen, welchen Schaden er bereits angerichtet hat."

Sie schüttelte den Kopf, die Stirn in Sorgenfalten gelegt, und murmelte leise: „Erstaunlich, dass ihm bisher niemand auf die Schliche gekommen ist."

Noch am selben Nachmittag setzte sich Grete an ihren Schreibtisch und verfasste einen Brief an die befreundeten Galeristen Thannhauser, Matthiesen und Goldschmidt mit der Bitte um rasche Weiterleitung an weitere Verbandsgenossen:

Sehr geehrte Kollegen, geschätzte Kunstexperten,
als verantwortungsbewusstes Mitglied des Berliner Kunsthandelsverbands erlaube ich mir, Sie angesichts eines aktuellen Vorfalls in unserer Galerie auf Werke aufmerksam zu machen, die durch die Vermittlung von Otto Wacker in Ihren Besitz gelangt sein könnten.

Bei Zweifeln empfehlen wir einen Abgleich mit dem kürzlich erschienenen Werkverzeichnis von Jacob-Baart de la Faille. Mein Kollege Walter Feilchenfeldt und ich gehen zum jetzigen Zeitpunkt davon aus, dass es sich bei Gemälden und Zeichnungen, die durch die Hände von Otto Wacker gingen, überwiegend – wenn nicht ausschließlich – um Fälschungen handelt.
Wir bitten Sie, bei berechtigtem Verdacht oder ernsthaften Bedenken Kontakt zu uns oder dem Verband aufzunehmen, damit das Ausmaß des Schadens ermittelt und eine entsprechende Strafanzeige vorbereitet werden kann.

Dankend für Ihre Offenheit und in kollegialer Verbundenheit
verbleibe ich mit hochachtungsvollen Grüßen
Ihre Grete Ring

P. S.: Wir weisen vorsorglich darauf hin, dass Sie als Inhaber einer Kunsthandlung rückwirkend für Schäden haftbar gemacht werden können, sollte ein Käufer zu einem späteren Zeitpunkt den Fälschungscharakter seines Erwerbs nachweisen.

Zufrieden mit ihrem Schreiben und mit dem guten Gefühl, einer moralischen Verpflichtung nachgekommen zu sein, klebte Grete die Kuverts zu, zog ihren Wollmantel über, verließ das Haus und warf die drei Briefe in den Klappschlitz des blauen Metallbriefkastens Ecke Viktoria-/Margarethenstraße.

16. JANUAR 1928

Zwei Tage später wurde Grete durch einen Anruf abrupt aus ihrer gewohnten Arbeitsroutine gerissen. Es war kurz nach neun Uhr; sie hatte gerade überlegt in die Kaffeeküche zu gehen und einen Filterkaffee zuzubereiten, als das Telefon klingelte.

„Guten Morgen, mein Name ist Franz Zatzenstein", meldete sich der Anrufer. Der Leiter der Galerie Matthiesen ließ keine Pause. „Stellen Sie sich vor", berichtete er stockend am anderen Ende des Fernsprechapparats, „wir haben im Herbst letzten Jahres Otto Wacker einen *Olivengarten* von van Gogh überlassen. Er behauptete, einen Käufer in Aussicht zu haben. Dafür müsse er nach Hamburg reisen, kündigte er an – um es dem Interessenten vorzustellen. Und er bat um kurzfristige Ausleihe des Exponats, das ich der Sammlerin Margarethe Mauthner vor drei Jahren für achtzehntausend Mark abgekauft hatte und hoffte, für das Doppelte verkaufen zu können.

Da Wacker eine Kaution hinterlegte und obendrein die Freundschaft eines Stammkunden unseres Hauses genießt, der für ihn bürgte, stimmten wir seinem Vorschlag zu. Er verlangte fünfzehn Prozent Provision für seine Dienste – falls es zum Kauf kommen sollte. Doch daraus wurde nichts. Er brachte uns die Gartenansicht vier Tage später zurück. Die grün-blau-gelbe Farbgebung passe nicht zur Inneneinrichtung des potenziellen Käufers, behauptete er. Der Hamburger habe sich aus diesem Grund gegen den Kauf entschieden. Sie können sich sicherlich vorstellen, wie enttäuscht wir waren."

Zatzenstein hüstelte hörbar. „Im Februar dieses Jahres", fuhr er schließlich fort, „tauchte auf einer Auktion in München ein Bild mit ähnlichem Sujet auf. Gleiches Thema, ähnliche Farbgebung, leicht veränderte Perspektive. Zur Qualität kann ich nichts sagen – ich kenne das Bild nur aus einer Katalogabbildung. Jedenfalls schien es sich um eine weitere Version des *Olivengartens* zu handeln." „Aber was dachten Sie beim Anblick des Bildes?", fragte Grete neugierig, den Hörer fest ans Ohr gedrückt. Ihren Blick hielt sie auf eine leere, weiße KPM-Tasse vor ihr gerichtet.

„Erst einmal nichts. Ich war nur erstaunt, da mir Frau Mauthner beim Verkauf versichert hatte, es gäbe nur eine Darstellung jener knorrigen Bäume. Misstrauisch wurde ich jedoch nicht", antwortete Zatzenstein zögerlich. „Es ist ja nichts Ungewöhnliches, dass Künstler ein Thema in verschiedenen Variationen malen. Das erschien mir nicht verdächtig."

Es entstand eine Pause. Grete hörte ein leises Schnauben am anderen Ende der Leitung.

„Ehrlich gesagt, habe ich nicht weiter darüber nachgedacht", betonte ihr Gesprächspartner noch einmal. „Irritiert war ich erst, als vor wenigen Wochen ein Genfer Kollege in einem Privathaushalt eine weitere Version in Augenschein nahm und mir zufällig davon berichtete. Doch erst Ihr Schreiben beunruhigte mich ernsthaft. Ich begann, eins und eins zusammenzuzählen – und muss gestehen, dass ich ziemlich aus der Fassung geriet."

Das leise Schnauben am Ende der Leitung war längst zu einem hörbaren Schnaufen geworden, als wäre er aufgeregt und ränge nach Luft.

„Ihre Mitteilung erwies sich als die unliebsame Bestätigung einer bösen Vorahnung", stieß Zatzenstein gepresst hervor.

„Hatten Sie Gelegenheit, im Werkverzeichnis nachzuschlagen, ob von Ihrem Bild nur eine Version existiert oder mehrere Varianten dokumentiert sind?", fragte Grete, während sie die Tasse anstarrte und bedauerte, dass kein Inhalt vorhanden war.

„Durchaus. Genau das habe ich getan. Ich lieh mir gestern das Werkverzeichnis eines befreundeten Kollegen. Meine Befürchtung bestätigte sich. Ein Blick in den Katalog genügte: Tatsächlich ist dort nur ein Olivengarten unter diesem Titel verzeichnet – nämlich die bei uns eingelieferte Version, jenes Ölgemälde, das ich Frau Mauthner abkaufte und das mir dadurch vertraut ist."

Plötzlich herrschte Stille in der Leitung. Grete fragte sich, ob der Mann Mut sammelte, um etwas Unaussprechliches zu formulieren, bis er schließlich gedämpft hervorstieß: „Zum gegenwärtigen Zeitpunkt gehe ich davon aus, dass mein Bild als Vorlage für eine unbekannte Anzahl von Kopien diente."

In der Telefonleitung knisterte, brummte und summte es, bis seine Stimme wieder klar zu vernehmen war: „Ich denke, es ist an der Zeit, die Polizei zu verständigen und Anzeige gegen Otto Wacker zu erstatten."

Grete versuchte, den aufgebrachten Galerieleiter zu besänftigen. „Sie können sicher sein, werter Herr Zatzenstein, dass Sie nicht der Einzige sind, den Otto Wacker an der Nase herumgeführt hat. Auch uns bei Cassirer ist es zunächst nicht anders ergangen. Wacker tritt überzeugend auf, hat ein einnehmendes Wesen – er verfügt über eine Anziehungskraft, der man sich nur schwer entziehen kann. Auch bei uns gab keinerlei Hinweise darauf, dass er zwielichtige Absichten hegte. Ganz im Gegenteil: Mich beeindruckte die Klarheit seines Auftretens, seine Entschlossenheit, zielstrebig vorzugehen und Pläne umzusetzen. Niemals wäre mir in den Sinn gekommen, einem Betrüger auf den Leim zu gehen. Wahrscheinlich liegt es daran, dass echte Ganoven eine besondere Fähigkeit haben, ihre kriminelle Energie zu verbergen. Man kann ihnen ihre Absichten nicht an der Nasenspitze ablesen."

Grete und Zatzenstein verständigten sich darauf abzuwarten, ob sich weitere Kollegen mit ähnlichen Erfahrungen melden würden. Nach Ablauf von vier Wochen wollten sie dann mit den Betroffenen Rücksprache halten, um die nächsten Schritte vorzubereiten.

„Sie haben sich den Dank einer ganzen Branche verdient, liebe Frau Ring", sagte Zatzenstein zum Abschied, bevor er den Hörer auflegte. „Dass dieser Skandal ans Licht kommt, verdanken wir Ihrem wachsamen Auge. Ihre Aufmerksamkeit hat den Hochstapler entlarvt."

Mit belegter Stimme fügte er hinzu: „Otto Wacker gehört weder ins Rampenlicht einer Bühne noch aufs Parkett einer Galerie, sondern hinter Schloss und Riegel."

Zatzenstein konnte nicht ahnen, wie sehr sein Lob ihr schmeichelte. Seine Worte wirkten in ihr nach, und sie fühlte sich bestärkt, die Sache ins Rollen gebracht zu haben. Noch lag ein langer Weg vor ihnen, bis das Problem endgültig gelöst sein würde, doch sie war entschlossen, ihn zu gehen, um die falschen Gemälde zu entlarven und dem Urheber das Handwerk zu legen.

Mit Schwung erhob sie sich vom Stuhl, ging in die Küche, kochte frischen Kaffee und griff nach einem Stück Schwarz-Weiß-Gebäck. Dann schloss sie für einen Moment die Augen, sog den Duft ein und ließ den kleinen Triumph noch einmal Revue passieren.

Spitz wie Nadelstiche bohrte sich das kreischend helle *Weizenfeld* in seine aufgerissenen Augen. Eilig stellte er die Leinwand zurück und wandte sich der nächsten Arbeit zu. Er schloss die Augen, die Lider schmerzten, sein Magen rebellierte, das kirschrote Wams des Spaniers brüllte ihn an. Auch vom dritten Gemälde, einem Stillleben mit einem Teller voller Zwiebeln, wandte er sich angewidert ab. Er presste die Arme gegen den Kopf, als drohe er zu zerspringen – das Pochen hinter den Schläfen war unerträglich.

Er zog die Jacke über und trat vor die Tür. Die frische, jodhaltige Luft tat gut. Durch den Mund atmete er ein paar Züge ein, bis sich die wohltuende Wirkung einstellte und die leichte Übelkeit nachließ. Die Frau hatte gesagt, er müsse mehr ruhen, mehr trinken – sie mache sich Sorgen um ihn.

Langsam lief er los, über die Düne, durch das Wäldchen, und holte den Bollerwagen hervor, den er hinter einem Holzverschlag versteckt hatte – froh, keinem Menschen zu begegnen.

Nach einer halben Stunde war er zurück und machte sich an die Arbeit. Die Frau war frühmorgens aus dem Haus gegangen, mit der Ankündigung, spät zurückzukehren. Sie helfe bei der Sanddornernte am anderen Ende der Insel, hatte sie ihm erklärt. Ein Topf mit Linsensuppe stand auf dem Herd, daneben lag ein Zettel: „Bei Hunger erhitzen." Als sie weg war, zögerte er nicht lange. Die Gelegenheit, auf die er so lange gewartet hatte, war gekommen. Er stieg auf den Dachboden, wo sich die Bilder stapelten, und trug sie hinunter. Beim Aufladen vermied er es, sie anzusehen.

Wann hatte er sie alle gemalt? Es waren viele.

Bevor er mit dem Bilderstapel Richtung Lichtung zog, steckte er noch die Streichholzschachtel ein. Auf dem Weg zur Feuerstelle sammelte er kleine, trockene Zweige vom Sandboden auf und schichtete sie dort zu einem Nest, wie er es aus Kindertagen kannte. Darauf stapelte er die Bilder – unsortiert, kreuz und quer, mit der

Motivseite nach unten. Erinnerungen, die er endlich loslassen musste. Erinnerungen, die sich seit Langem wie Ballast anfühlten und seine jahrelangen Bemühungen belegten. Mit zittrigen Händen zündete er der den Stapel schließlich an.

Züngelnde Flammen loderte empor, orangerot und goldgelb, zischend und knisternd. Blaugraue Schwaden stiegen auf. Er genoss den balsamischen Duft, den Geruch von brennenden Tannennadeln – bis ein scharfer, beißender Rauchgeruch alles übertünchte. Pötzlich spürte er ein Glühen im Gesicht, die Haut begann zu schwitzen. Als die Augen tränten, trat er ein paar Schritte zurück und faltete die Hände vor dem Bauch, andächtig wie in der Kirche. Das prasselnde Feuer zog ihn magisch an. Wärme und knackende Geräusche lullten ihn ein. Er starrte in die Glut, rot wie die Hölle, sah zu, wie der Leinwandstapel in sich zusammensackte, die kraftvollen Farben zu dunklen Flecken schmolzen.

Minuten später war der Spuk beendet. Qualm waberte aus der glimmenden Mitte. Er stocherte mit einem Stock durch die heiße Asche. War alles verbrannt?

Er beschloss, nach Hause zu laufen, um die restlichen Bilder zu holen. An der Haustür blieb er stehen, bemerkte den intensiven Rauchgeruch an seiner Kleidung und war froh, dass die Frau nicht zu Hause war und nichts davon mitbekam. Ein weiters Mal schleppte er ein Bilderkonvolut zum Bollerwagen. Schweißperlen lösten sich von seiner Stirn, versickerten im staubigen Boden, während er reglos davor verharrte. Mit schwerem Atem hob er den Blick auf das Fest der Farben, das nun, still und dicht, im Wagen lag. Kornblumenblau, Strohgelb, Kirschrot ... Weizenfelder, Zypressen, Sonnenblumen, Bauernhäuser und Landschaften.

Er schluckte, wandte sich zur Seite. Etwas in seinem Inneren zerriss ihn in widersprüchliche Gefühle, unkontrollierbar, in jedem Atemzug. Er wollte sie eigentlich nicht zerstören, sondern behalten.

Er kannte diesen Zustand, schon einmal hatte er ihn gespürt – vor langer Zeit, als er sich weigerte, seine Lieblingsbilder dem Bruder zu überlassen. Damals war er einem Impuls gefolgt, hatte die Bilder in Bettlaken gehüllt und sorgfältig in gewachste Baumwolltücher eingeschlagen. Darunter auch ein kleines Format, ein präferiertes Werk seines Bruders, das er ihm nicht geben wollte. Ein farbenfroher Sommerstrauß in Schwefelgelb, Blutrot und Himmelblau, üppig wuchernd in einer bauchigen Henkelvase, wie er ihn aus dem Elternhaus kannte. Dann hatte er die Bilder in einem Grab auf dem Friedhof versteckt. Dort waren sie sicher. Niemand würde sie finden – nur er wusste, wo sie lagen.

Doch diesmal war es anders. Er wollte sich befreien, sich den Zwängen entziehen und Ruhe schaffen.

Als es dämmerte, kehrte er ins Haus zurück. Er war konsequent geblieben, hatte sich im Griff gehabt, war mit dem Leiterwagen noch einmal zur Feuerstelle gezogen, um sein Vorhaben zu Ende zu bringen. Dem Drang, den westlichen Weg zum alten Friedhof einzuschlagen, hatte er widerstanden.

Die mannshohe Flammen hatten Realitäten geschaffen. Ein feuriges Ballett aus orangeroten Fingern, das gen Himmel tanzte und alles ausradierte, was er geschaffen hatte.

Jetzt war alles geordnet. Sein Körper entspannte sich, er klopfte seine Kleidung ab, nur die Gedanken wollten nicht folgen. Zwischen den Pulsschlägen lag die Erinnerung, flackernd wie ein Rest von Glut unter Asche. Ordnung war geschaffen, doch sie hatte ihren Preis. Erleichtert reckte er die Glieder, fühlte sich wie von Sandsäcken befreit. Hungrig stürzte er in die Küche und löffelte den Eintopf direkt aus dem Topf – ohne ihn aufzuwärmen.

Mit jedem Löffel glitten seine Gedanken tiefer in die Vergangenheit. Ein scharfer Stich fuhr ihm durch die Brust, als er an seinen Bruder dachte. Der Löffel sank nach unten, er zog die Stirn in Falten, starrte vor sich hin. Wo er wohl abgeblieben war? War er zurück in Berlin? Wann würde er ihn wiedersehen?

Die Frau hatte sich mit ihm gestritten, ihm Vorwürfe gemacht, rücksichtslos zu sein. „Du kommst und gehst, wie es dir passt", hatte sie ihm wütend entgegengeschleudert und ihm verboten, ohne Ankündigung noch einmal in ihrem Haus aufzukreuzen. „Jedes Mal nimmst du Bilder ein, ohne zu fragen, mit einem Selbstverständnis, als gehörten sie dir“, hatte sie ihm vorgeworfen.

Das Gezänk war unerträglich gewesen. Verängstigt hatte er sich hinter dem Schrank verkrochen und die beiden aus seinem Versteck beobachtet. Streit war ihm zuwider; lautes Gebrüll und schrilles Gekreische konnte er nicht ertragen. Sein Bruder war aufgebracht und ohne ein Wort des Abschieds gegangen – dieses Mal mit leeren Händen.

Ab jetzt gab es keinen Anlass mehr für Streit. Weder heute noch in der Zukunft. Er hatte Tatsachen geschaffen, unwiderruflich, und sich vorgenommen, nie wieder an die Staffelei zurückzukehren. Gleichwohl erfasste ihn eine Leere, die er nicht erwartet hatte. Sein Bruder fehlte ihm sehr. Würde er zurückkehren? Würde das Band zwischen ihnen je wieder heilen, oder hatte die Stille, die sie trennte, längst zu tiefe Spuren hinterlassen?

23. OKTOBER 1928

Grete verfluchte die Nachlässigkeit, nicht wärmer gekleidet zu sein. Sie fror in dem schlecht beheizten Raum der Polizeiwache, zog den Mantel eng um ihren Körper und ärgerte sich über die verschwendete Zeit. Sie hatte Besseres zu tun, als hier herumzusitzen. Abgesehen von dem Hinweis, Otto Wackers Bruder Leonhard genauer unter die Lupe zu nehmen – der in Düsseldorf als Präparator tätig war und ursprünglich, wie Vater Hans, den Beruf des Kunstmalers erlernt hatte, wie sie aus Kollegenkreisen wusste –, konnte sie dem zuständigen Kriminalrat Dr. Uelzen keine erhellenden Erkenntnisse liefern. Ihre Anwesenheit auf dem Polizeirevier empfand sie als überflüssig.

Seit zwei Stunden saß sie nun in Zuschauerfunktion im nüchternen Vernehmungsraum auf einer unbequemen, harten Holzbank und hörte nichts, was sie nicht schon längst wusste. Otto Wacker, der in der Mitte des Raumes auf einem einfachen Stuhl mit dem Rücken zu ihr saß, berichtete von seinem angeblichen Auftraggeber – dem adligen Russen in der Schweiz, der aus Angst vor Repressalien und wegen seiner Verbindungen zur Zarenfamilie weder Namen noch Wohnort preisgeben könne.

Gegen fünfzehn Uhr hatte Kriminalrat Dr. Uelzen einen jungen Polizeianwärter mit dem Auftrag zur Kunsthandlung Cassirer geschickt, Fräulein Grete, wie er sich ausdrückte, zum Präsidium zu geleiten. Sie war überrascht gewesen, ja sogar leicht verärgert, als der schmächtige, blond gelockte Bursche in seiner viel zu weiten, nachtblauen Uniform wie aus dem Nichts vor ihr stand, sie aus der Arbeit riss und aufforderte mitzukommen.

Während sie durch das herbstlich gedämpfte Berlin liefen, erzählte er ihr stockend, dass Otto Wacker am Morgen aus seiner Galerie in der Viktoriastraße zur Vernehmung abgeholt worden war. Man hoffte, mit ihrer Hilfe die Anklage zu festigen und vielleicht Licht in jenes Dunkel zu bringen, das über der Affäre lag.

Dass Wacker gefälschte Gemälde verkauft hatte, galt als erwiesen, berichtete der angehende Beamte. Nur blieb weiterhin offen, ob er selbst zum Pinsel gegriffen oder andere für sich hatte arbeiten lassen, um die Werke anschließend unter prominenten Namen zu veräußern. In fast heiterem Tonfall, der aus Sicht Gretes so gar nicht zum Ernst des Falls passen wollte, berichtete der junge Mann vom Zugriff am Morgen – einem Einsatz, der, wie er anmerkte, einen seltsam eigenwilligen Verlauf genommen hatte. Ein gewisser Kommissar Thomas vom Betrugsdezernat des Berliner Präsidiums am Alexanderplatz habe die Leitung übernommen. Er habe sich überrascht gezeigt, Wacker überhaupt in dessen Geschäftsräumen anzutreffen – jenen dunklen, mit heruntergelassenen Rollläden verschlossenen Räumen in der Viktoriastraße, die im Viertel bereits Stoff für allerlei Gerüchte geboten hatten. Sein unbekümmertes Verhalten deute, so habe der Kollege gemutmaßt, darauf hin, dass er tatsächlich glaubte, sich nichts zuschulden kommen gelassen zu haben. Vielleicht aber auch, weil seine Maske noch saß.

Grete rutschte unruhig auf dem harten Sitz hin und her, verlagerte ihr Gewicht und zählte innerlich erneut die Monate. Acht. Acht Monate hatte es gedauert, bis der Verband Deutscher Kunst- und Antiquitätenhändler endlich Strafanzeige gegen den Tänzer und Kunsthändler Otto Wacker erstattet hatte.

Ihr Vertrauen in die Redlichkeit der Branche war in dieser Zeit Stück für Stück zerbrochen. Sie sah die Gesichter der Kollegen vor sich, hörte ihre Stimmen – erst das Abwiegeln, dann das beharrliche Leugnen. Niemand wollte sich eingestehen, auf Wacker hereingefallen zu sein.

Wochenlang hatte der Vorstand gedrängt, argumentiert, beinahe gebettelt. Immer wieder waren die gleichen Gespräche geführt worden, immer wieder die gleichen Ausflüchte gefallen. Doch nach und nach bröckelte der Widerstand. Einer lenkte ein, dann der nächste. Schließlich unterschrieben sie – zögernd, widerwillig, aber immerhin.

Diskretion war im Kunsthandel ein empfindliches Gut, Vertrauen das wesentliche Kapital des Galeristen. Käufer wie Verkäufer mieden das Licht der Öffentlichkeit wie der Teufel das Weihwasser – sie wollten im Verborgenen bleiben. Eine Verwicklung in einen Fälschungsskandal bedeutete für viele nicht nur einen Imageschaden, sondern eine regelrechte Schande.

Grete vermutete sogar, dass sich einige Kollegen bewusst hinter einer Mauer des Schweigens verschanzten, ihre Verbindung zu Wacker verleugneten, um nicht selbst in Verruf zu geraten. Weil sich die Wahrheit kaum überprüfen ließ, blieb vieles im Dunkeln.

Unter den geschädigten Galerien waren prominente Galerien: Hugo Perls, Paul Glaser, Hermann Schulte, Alfred Flechtheim, Carl Nicolai, Dr. Wallenstein und Wertheim-Antiquitäten. Auch betrogene Käufer wie Otto Krebs, Else Wolff-Essberger und der Breslauer Metallwarenfabrikant Max Silberberg unterstützten die Anzeige, um Wacker zur Offenlegung der Herkunft seiner Gemälde zu bewegen.

Als jedoch jede Reaktion ausblieb, das Ultimatum wirkungslos verstrich und die Amsterdamer Zeitung *De Telegraaf* überraschend eine Liste vermeintlich gefälschter Van-Gogh-Bilder veröffentlichte, sah sich die Berliner Ortsgruppe des Verbands Deutscher Kunst- und Antiquitätenhändler gezwungen, Strafanzeige zu erstatten.

Grete hingegen zeigte sich wenig begeistert von diesem Schritt. Ihren Ansicht nach hätte die Kunsthandlung Paul Cassirer die Initiative ergreifen müssen – nicht zuletzt, weil sie mit Feilchenfeldts Unterstützung den Skandal überhaupt erst ins Rollen gebracht hatte. Ihrer Galerie, die am stärksten betroffen war, stand die Genugtuung zu – und der Triumph, Wacker endlich vor Gericht zu bringen.

Mit der Strafanzeige war die Katze endgültig aus dem Sack. Was bis dahin nur ein Flüstern gewesen war – weitergegeben hinter vorgehaltener Hand, beschwiegen von denen, die es besser hätten wissen müssen –, brach nun mit voller Wucht in die Öffentlichkeit.

Ein Fälschungsskandal. Kein Verdacht mehr, kein Gerücht. Eine Tatsache.

Die ersten Kunden erschienen aufgebracht in den Galerien, verlangten Auskunft, wollten Namen hören, Zahlen, Gewissheiten. Mitarbeiter tuschelten auf den Fluren, verglichen Widersprüche, zogen plötzlich Verbindungen, wo zuvor niemand hatte hinschauen wollen. Mit jedem Gespräch löste sich ein weiteres Detail aus dem Dunkel, fügte sich ein weiteres Stück in ein Bild, das niemand mehr kontrollieren konnte.

Und dann die Presse. Sie stürzte sich auf den Fall, witterte die Sensation, schürte sie weiter. Reporter tauchten auf, unangemeldet und fordernd. Sie drängten gierig auf Informationen, um ihre Konkurrenz auszustechen. Die Fragen wurden lauter, schärfer, die Andeutungen giftiger. Aus dem diskreten Skandal wurde ein öffentlicher Sturm.

Feilchenfeldt und Grete waren sich einig: Die ungebetenen Gäste mussten freundlich, aber bestimmt zurückgewiesen werden. Also blieb es nicht bei einer knappen Abweisung – man inszenierte Haltung. Mit höflicher Entschiedenheit wurden die Pressevertreter aus der Galerie hinauskomplimentiert: mit verbindlichem Lächeln, ruhiger Stimme und dem unmissverständlichen Hinweis, dass es hier nichts zu sehen gebe. Türen wurden geöffnet, Mäntel gereicht, Fragen galant übergangen. So verwandelte sich der Rückzug der Journalisten beinahe in eine kleine Szene – diskret, kontrolliert und doch deutlich genug, um keine Zweifel zu lassen. Gleichwohl ließen sich erste Artikel auf spekulativer Grundlage nicht verhindern.

Grete blieb fast der Atem weg. Damit hatte sie nicht gerechnet, als sie am Morgen des 8. Septembers die *Vossische Zeitung* vom noch warmen Stapel am Kiosk in der Viktoriastraße nahm. Bis zuletzt hatte sie geglaubt, man werde die Sache noch eine Weile unter der Decke halten, sie in Hinterzimmern verhandeln, fern der neugierigen Öffentlichkeit. Doch nun lag alles offen zutage.

Sie zögerte, als sie nach der Zeitung griff, als wollten ihre Finger die gedruckten Worte zurückhalten. Dann fiel ihr Blick auf die Schlagzeile – fett und unübersehbar: *Geheime van-Gogh-Werkstatt entlarvt – Berliner Kunstwelt schockiert.* Auch das *Berliner Tageblatt*, schlug denselben Ton an: *Fälschungsskandal erschüttert Berliner Kunstwelt – Tänzer Otto Wacker unter Verdacht.*

Die Berichte sprachen von Unregelmäßigkeiten im Berliner Kunsthandel, von dubiosen Geschäften, heimlichem Gemauschel und geheimen Absprachen. Beweise fehlten, der Ton blieb vage, die Behauptungen stützten sich vor allem auf Gerüchte – doch gerade das verlieh der Affäre ihre Sprengkraft.

Grete stellte sich die Szenen vor: die Verhörräume im Präsidium, das grelle Licht auf dem polierten Holztisch, junge Polizeianwärter, die eifrig mitschrieben, während Zeugen und Kollegen nacheinander aussagten. Einige versuchten, sich aus der Affäre zu winden, andere reagierten ungehalten, sobald Fragen zu genau wurden. Mit jeder Aussage, jedem Bericht, jedem Widerspruch fügte sich allmählich ein Bild zusammen – ein Geflecht aus Intrigen, Täuschungen und versteckten Motiven, das die Bruchstellen in der Fassade des Kunsthandels Stück für Stück entblätterte. Kein Geheimnis blieb lange verborgen, kein Gerücht unangefochten. Aus den anfänglichen Spekulationen wurde nach und nach die nüchterne Wahrheit, sorgfältig zusammengetragen aus Verhören, Dokumenten und der unermüdlichen Arbeit der Ermittler.

Das Klappern einer Schreibmaschine riss Grete aus ihren Gedanken. Wieder hellwach, blickte sie auf Wackers Nacken und machte sich bewusst, dass sie noch immer auf der harten Holzbank saß. Hatte sie sich verhört? Hatte Wacker soeben angekündigt, die Identität des Russen preiszugeben – vorausgesetzt, man räume ihm noch ein paar Wochen ein, um in den Schweizer Kanton Graubünden zu reisen und einen letzten Versuch zu unternehmen, mit ihm in Kontakt zu treten?

„Zur Not auf eigene Kosten“, hatte er betont. „In Begleitung eines Beamten.“

„Sie hatten doch mehr als genug Zeit. Warum haben Sie die vergangenen Monate nicht genutzt?“

Dr. Uelzens Stimme klang scharf und gereizt.

„Habe ich doch“, entgegnete Wacker, den Blick zum Vernehmungstisch gerichtet. „Alle bisherigen Versuche sind gescheitert. Doch letzte Woche meldete sich der Russe aus der Schweiz – und lud mich ein. Jetzt bin ich hoffnungsvoll, ihn doch noch zu treffen und zu einer Aussage vor dem Berliner Gericht zu bewegen.“

Grete schüttelte kaum merklich den Kopf. Hinhaltetaktik?

Der Kriminalrat ließ nicht locker. Er sprach eine anonyme Anzeige an, die Jahre zuvor bei der Polizei in Düsseldorf eingegangen war. Demnach seien im Hause des Kunstmalers Hans Wacker alte Meister kopiert und als Originale verkauft worden.

„Das ist ein alter Hut!“, rief Wacker mit funkelndem Blick, sprang vom Stuhl auf und begann, unruhig durch den Raum zu tigern. „Damals wollte ein Konkurrent meinem Vater eins auswischen. Bitte, rechnen Sie nach – ich war zu der Zeit noch ein Kind! Und bis heute bringe ich höchstens Strichmännchen aufs Papier. Überzeugen Sie sich selbst. Geben Sie mir Stift und Papier. Meinen Sie wirklich, ich wäre fähig, van Gogh zu imitieren? Und warum sollte ich dann all die Jahre in bescheidenen Verhältnissen leben?“

Sein Gesicht lief rot an – grell wie ein Leuchtsignal. Dann traf sie sein Blick: spitz, unerwartet, wie ein Pfeil aus dem Nichts. Grete stockte der Atem. Tarnung?, schoss es ihr durch den Kopf. Wacker schüttelte langsam den Kopf, als sei die Absurdität des Gedankens kaum zu ertragen, und ließ sich in den Stuhl zurückfallen – müde, beinahe theatralisch. „Glauben Sie mir: Mit künstlerischem Talent und krimineller Energie hätte ich weit größere Summen bewegt. Ich hätte es getan. Ohne Skrupel.“ Er verzog den Mund zu einem bitteren Lächeln.

Gegen achtzehn Uhr einigten sich Dr. Uelzen und Kriminalkommissar Thomas darauf, den Beschuldigten vorläufig zu entlassen. Nach Einschätzung des Beamten bestand keine Fluchtgefahr – Wacker hätte längst untertauchen können, hätte er es gewollt. Freunde und enge Verwandte lebten in Berlin, Ferch und Düsseldorf. Die Berliner Nachtclubs waren sein zweites Zuhause. „Stellen Sie sich darauf ein, in den kommenden Wochen vor Gericht zu erscheinen", sagte Dr. Uelzen trocken. „Die amtliche Vorladung geht Ihnen schriftlich zu. Die Anklage lautet auf fortgesetzten Betrug, Urkundenfälschung und Pfandbruch. Ich rate Ihnen dringend: Klären Sie die Identität Ihres ominösen Auftraggebers. Andernfalls stehen Ihre Chancen vor Gericht denkbar schlecht. Und besorgen Sie sich einen Anwalt. Einen guten."

Er zögerte einen Moment, ehe er mit fester Stimme hinzufügte: „Und bringen Sie Ihre Buchführung in Ordnung. Ihre Unterlagen müssen lückenlos sein – Zahlungen, Transportbelege, Kontoauszüge. Das rate ich ihnen. Alles muss stimmig und nachvollziehbar sein. Die Berliner Justiz legt Wert darauf."

Der Vorgeladene, inzwischen still und aschfahl im Gesicht, streifte sich den Mantel über. Bedächtig schloss er die glatten, auffallend glänzenden Knebelknöpfe, als könnte das kleine Ritual Ordnung ins Chaos bringen, griff nach seiner Kalbsledertasche und verließ wortlos den Raum – das Gesicht verschlossen, von Verärgerung gezeichnet.

Grete sah ihm nachdenklich hinterher. Jeder Blick, jede Bewegung wirkte auf sie wie ein geheimer Code: Was hielt er zurück? War er erleichtert, dass die Befragung vorüber war? Froh, der beklemmenden Atmosphäre zu entkommen?

Als Beobachterin und Teil des Spiels blieb sie gespannt und aufmerksam, auf der Suche nach der Wahrheit hinter den sorgfältig gezogenen Fassaden, aber sie hatte ja auch nichts zu verlieren.

6. APRIL 1932

Grete öffnete die Tür zum Gerichtssaal und erstarrte. Sie senkte den Blick, zögerte. Auf diesen Tag hatte sie mehr als vier Jahre gewartet. Ein quälend langer Zeitraum, geprägt von bürokratischen Hürden, behördlichem Versagen und einer zermürbenden Abfolge aus Schweigen, Warten und widersprüchlichen Auskünften – eine Zeit, die sie mehr als einmal am Rechtssystem hatte zweifeln lassen ließ und ihr Vertrauen in Gerechtigkeit nachhaltig erschüttert hatte.

Doch nun war der Tag endlich gekommen. Der kleine Schwurgerichtssaal im Strafgerichtsgebäude an der Moabiter Turmstraße, dessen monumentale Eingangshalle mehr an eine Kathedrale als an einen Ort der Rechtsprechung erinnerte, war bis auf den letzten Platz gefüllt.

Plötzlich fing ihr Körper zu zittern an. Reflexhaft suchten ihre Hände Halt an der Wand. Spucke sammelte sich im Mund; sie schluckte, wich zur Seite, als Passanten an ihr vorübereilten – und wurde dennoch von einem Unbekannten angerempelt. Ihr Magen rumorte. Sie lehnte sich gegen die Wand. Mit fahriger Bewegung fächerte sie sich mit der Handtasche Luft zu, in der Hoffnung, mehr Sauerstoff zu erhalten.

Sie wollte bei der Sache bleiben, fokussiert. Doch ihre Gedanken ließen sich nicht bannen, klammerten sich fest wie Tentakel und zogen sie unbarmherzig zurück in die Vergangenheit, die Quelle ihrer Panik in Menschenmengen. Bildfetzen stiegen auf – Fragmente jenes Abends, der ihr die Augen brutal geöffnet hatte, als hätte sich plötzlich ein Lichtstrahl durch die Dunkelheit ihres Geistes gebohrt.

Der 12. September 1931: ein Datum, das sich wie ein glühender Draht in ihr Gedächtnis gebrannt hatte. Immer wieder spulte sich die Szene ab, in endloser Wiederholung. Die Gerüche, der Lärm und das Chaos – ein inneres Kino ohne Pause, messerscharf und unauslöschlich.

Dabei hatte alles harmlos begonnen – auf der von Koksöfen gewärmten Terrasse der Konditorei Reimann. Mokka dampfte in zarten Porzellantassen, süßes Gebäck zerbröselte zwischen den Fingern, Lachen mischte sich mit Gläserklirren und dem sanften Stimmengewirr gut gelaunter Freunde.

Dann, gegen zwanzig Uhr fünfundvierzig, eine jähe Zäsur. Wie aus dem Nichts tauchten sie auf – rund dreißig Uniformierte, marschierend, entschlossen, laut. Ihre Schritte knallten auf dem Pflaster des Kurfürstendamms wie Donnergrollen.

Verblüfft hatte sie über den runden Kaffeehaustisch hinweg mit ausgestreckten Fingern in die Ferne gedeutet, wollte die Freunde auf die nahenden Gestalten aufmerksam machen – doch das war nicht nötig. Die Truppe kündigte sich selbst an.

„Brot!“, brüllten einige.

„Hunger!“, skandierten andere.

Ein bulliger Anführer schien sie anzutreiben, zu schüren, zu lenken.

Und dann: „Juda, verrecke!“, schrie ein breitschultriger Kerl mit Backenbart.

„Deutschland, erwache!“, kreischte ein blonder Jüngling, fast noch ein Kind, seine Augen glänzten.

Die Menschen auf der Terrasse verstummten. Köpfe drehten sich um. Augen wurden groß. Die Unruhe breitete sich schleichend aus wie langsam wirkendes Rattengift.

Erste Belästigungen folgten: Beleidigungen, Gesten, gezielte Blicke auf Passanten – Menschen, die sie wohl für jüdisch hielten, vielleicht Gläubige aus der Synagoge in der Fasanenstraße.

Danach ging alles rasend schnell. Sekunden verstrichen – nur Sekunden –, bis die ersten über Blumenkübel in den Garten kletterten, Gäste bedrängten, Männer von ihren Plätzen rissen.

Die Szenerie kippte. Was eben noch ein Ort heiterer Geselligkeit gewesen war, verwandelte sich in ein Schlachtfeld aus Porzellan und Panik.

Grete floh in die Innenräume, presste die Handtasche an den Bauch und kroch unter die Kuchentheke wie ein verängstigtes Tier. Von dort beobachtete sie mit klopfendem Herzen das Geschehen: splitterndes Glas, fliegende Stühle, fluchende Stimmen, das Geräusch berstenden Holzes unter schweren Stiefeln.

War es Einbildung, oder hallten tatsächlich Schüsse aus dem Nebenraum?

Und dann, gegen zweiundzwanzig Uhr, war plötzlich Schluss. Der Spuk war vorbei, so unvermittelt, wie er begonnen hatte. Eine Stille, die nicht beruhigte, sondern verstörte; apokalyptisch, unheimlich, als wäre ein Erdbeben verstummt.

Polizisten stürmten herein, Gummiknüppel in den Fäusten, stellten sich in Türrahmen und Durchgängen auf. Zu spät. Die Randalierer waren längst verschwunden, verflüchtigt in alle Himmelsrichtungen, bevor auch nur ein Name aufgenommen werden konnte.

Grete krabbelte aus ihrem Versteck – auf allen vieren, schmutzverschmiert, staubverhangen – und richtete sich zögernd auf.

Vor ihr: ein Bild der Verwüstung. Der Innenraum zerschlagen. Der Garten zertrampelt. Tische zerschmettert. Stühle zersplittert. Der Boden war übersät mit Tortenresten, als hätte jemand die Süße des Lebens zertreten. Die große Panoramascheibe war zerborsten. Aus ihren Splittern hatte sich ein gläserner Trümmerberg aufgetürmt.

Sie schwankte. Alles in ihr fühlte sich taub an, als wäre sie aus einem fiebrigen Alptraum erwacht. Instinktiv klopfte sie ihren kunstseidenen Sommermantel ab, hob eine Serviette vom Boden auf, strich sich damit übers Gesicht – ein hilfloser Versuch, Ordnung in die Fassungslosigkeit zu bringen.

Anschließend verließ sie die Konditorei in eine Art Trance, ein Gang wie auf rohen Eiern, durch einen Nebel aus Staub und Lärm, der sich jetzt erst langsam legte. Ihre Verwirrung war groß.

Ein dumpfer Gong drang an Gretes Ohren. Benommen kehrte sie in die Gegenwart zurück und stellte irritiert fest, dass sie noch immer im Flur des Gerichts stand. Ihre Kehle war trocken wie Mehl – ein Glas Wasser hätte ihr gutgetan. Als eine Dame im Tweedmantel hastig an ihr vorbeirauschte, warf sie einen Blick auf die Uhr. Neun Uhr zweiundfünfzig. Es wurde knapp. Wenn sie noch einen Platz im Gerichtssaal ergattern wollte, musste sie sich beeilen. Sie lief zur Tür, schloss für einen Moment die Augen, atmete tief durch, betrat den Raum – und blieb stehen. Der hohe, holzgetäfelte Saal wirkte übermächtig, beinahe ehrfurchtgebietend.

In den engen, hinteren Zuschauerreihen saßen dicht an dicht Männer und Frauen aller Altersgruppen und sozialer Schichten. Neben einfachen Arbeitern und jungen Damen in auffallend knapper Kleidung saßen blasse, vornehm gekleidete Herren in feinem Zwirn, daneben ernste, unauffällige Gestalten mit durchdringenden oder abwesenden Blicken. Einige tuschelten, andere kicherten, ein aufgeregtes Murmeln lag über der Szene wie ein vibrierender Schleier. Ganz Berlin schien diesen Prozess zu verfolgen – alle warteten gespannt auf das Urteil, das eher an ein Theaterfinale als an eine juristische Entscheidung erinnerte.

Vorne, in den ersten beiden Reihen, erkannte Grete bekannte Gesichter aus dem gesellschaftlichen Leben der Hauptstadt. Die Schauspielerin Lil Dagover gehörte dazu und zog in ihrem tief dekolletierten, zartrosafarbenen Jumperkleid mit ihrer eleganten Erscheinung sämtliche Blicke auf sich. Grete verspürte einen leichten Stich in der Brust, als sie an ihr vorbeiging. War es Neid? Schräg hinter Dagover entdeckte sie Kurt Tucholsky im grau-weiß gestreiften Straßenanzug, der ihr verstohlen zuzwinkerte. Endlich weiß er, wer ich bin, dachte sie zufrieden und lächelte zurück.

Ungeduldig trommelte er mit einem Bleistift auf die Armlehne, als könnte er es kaum erwarten, ätzende Zeilen zu verfassen. War das Leo Rosenthal, der zwei Plätze neben ihm saß? Ein kantiger, dunkler Gegenstand lag auf seinem Schoß – ein Objektiv vielleicht?

Sie konnte es nicht genau erkennen. Der Mann mit der runden Brille hatte alle großen Prozesse der letzten Jahre dokumentiert. Unmittelbar vor der Richterbank saß eine Reihe von Sachverständigen, die ein angesehenes Kunstgremium bildete: Dr. Thormaehlen und Professor Dr. Justi von der Nationalgalerie – beide angesehene Museumsfachleute. Grete vermutete unter ihnen auch jene angekündigten Spezialisten für vergleichende Botanik, für van Goghs Spätstil, für nordische Physiognomik – extra aus den Niederlanden angereist. Ein Fachmann für Malschichtanalysen war eigens von der Nationalgalerie freigestellt worden, um zur Aufklärung beizutragen. Grete nickte einem freischaffenden Restaurator zu, dessen Name ihr partout nicht einfallen wollte, obwohl sie sich das Hirn zermarterte. Sie kannte ihn von früheren Empfängen. Dr. de Wild, den sie gut kannte, winkte ihr freundlich zu, und dann entdeckte sie Julius Meier-Graefe, der düster und abwesend wirkte, wie im stummen Ringen mit sich selbst. Reue? Scham? Neben ihm saß Jacob-Baart de la Faille, den Blick gesenkt, als wolle er sich am liebsten unsichtbar machen.

„Meine Damen und Herren, der Prozess beginnt. Ich ersuche um Ruhe!“, verkündete der Saaldiener mit fester Stimme und läutete mit einem Glöckchen. Noch ehe der letzte Ton zitternd verklungen war, hatte sich Grete unter den missbilligenden Blicken ihrer Sitznachbarn hastig in die dritte Reihe geschoben – just in dem Moment, als sich Richter Naumann hinter dem wuchtigen Richtertisch erhob. In seiner wehenden schwarzen Robe glich er einem König – nur ohne Krone und Zepter. Seine Autorität beherrschte den Raum, war fast einschüchternd, fand Grete.

Ein Knoten schnürte sich ihr im Magen zusammen. Ihre anstehende Aussage vor Gericht und der kühne, kürzlich gefasste Plan, in Amsterdam eine Dependance der Kunsthandlung Cassirer zu eröffnen, drückten wie Blei auf ihr Gemüt.

Kurz nach dem Vorfall bei Reimann – einem Moment, den sie erst im Rückblick als längst fälligen Weckruf begriff – hatte sie Feilchenfeldt gedrängt, sich in den Niederlanden nach Räumen umzusehen. Anfangs zögerte er, doch sie ließ nicht locker. Nun war die Entscheidung gefallen. In wenigen Tagen würden sie gemeinsam aufbrechen, entschlossen, mögliche Objekte zu besichtigen und den Schritt in die Ungewissheit genau zu prüfen – falls sich das gesellschaftliche Klima weiter verschlechtern würde. Es war ihr Notfallplan, eine Beruhigungsspritze für die Nerven, ein letzter Rest von Kontrolle in einer Zeit, in der es überlebenswichtig erschien, vorbereitet zu sein, bevor es zu spät war.

Gretes Blick verharrte auf der Wandleiste hinter der Anklagebank. Dort standen sie, dicht an dicht gereiht: sechzehn vermeintliche van Goghs aus dem Besitz Otto Wackers, Teile der Ausbeute von fünfzehn Monaten akribischer Polizeiarbeit. Die Gemälde: *Sämann, Bauer mit Heugabel, Schale mit Brötchen, Kornfeld, Felder bei Auvers* sowie das *Porträt eines Zuaven*, mehrere *Zypressen*, eine Landschaft mit Baum, dessen Titel sie nicht kannte, und schließlich ein Selbstbildnis. Der Raum wirkte wie eine Galerie, wie ein Altarraum für Reliquien – und doch blieb ein bitterer Beigeschmack.

Grete hielt den Blick noch immer auf die Bilder gerichtet, als sie plötzlich die Berührung spürte. Eine Hand, leicht, aber bestimmt, auf ihrer Schulter – der Saaldiener.

„Frau Dr. Ring, darf ich Sie in den Zeugenstand bitten? Das Gericht würde gern Ihre Version der Ereignisse hören – und mehr über Ihr Verhältnis zum Angeklagten erfahren."

Ihr Herz schlug heftig, ihre Hände waren feucht. Doch sie zwang sich zur Ruhe, stand auf und lief mit festem Schritt in ihrem mokkabraunen Etuikleid und in Schnürschuhen nach vorne. Nach außen wirkte sie gefasst, doch innerlich tobte ein Sturm in ihr. Ihr Blick blieb auf die Bilder gerichtet. Je näher sie kam, desto mehr fielen ihr Details auf – die glatte, gleichmäßige Strichführung, die dumpfen, matten Farben. Kleinigkeiten, die einem Laien entgehen mochten, aber ihr nicht. Sie hatte sich zur Expertin entwickelt. Genug Zeit war seit Entdeckung der Fälschungen vergangen. Inzwischen hatte sie zahlreiche Originale studiert, Fachliteratur verschlungen, van Goghs Biografie verinnerlicht. Nun glaubte sie, Fälschungen noch besser erkennen zu können – vielleicht sogar auf den ersten Blick.

Nur wenige Schritte trennten sie vom Angeklagten. In seinem preußischblauen Anzug mit Einstecktuch und gestreifter Krawatte sah er blendend aus, gepflegt, fast ein wenig zu elegant für diese Situation. Grete schluckte, war irritiert. Neben ihm, ebenso akkurat gekleidet, saß sein Anwalt Iwan Goldschmidt. Täuschte sie sich, oder trug er tatsächlich einen Vatermörderkragen unter der Robe? Grete konnte ein Schmunzeln nicht unterdrücken. Ein eigenwilliger Stil, dachte sie, fast schon humorvoll.

Am Zeugenpult begann sie zu sprechen. Ruhig und sachlich. Sie schilderte ihre erste Begegnung mit Wacker, sprach von der geplanten Ausstellung, von ihrer anfängliche Euphorie – und dem jähen Umschlag in Zweifel. Während ihrer zwanzigminütigen Aussage beobachtete sie aus den Augenwinkeln, dass der Verteidiger sie nie ansah. Stattdessen putzte er seine Hornbrille, blätterte in der Akte, inspizierte seine Fingernägel, als wolle er ihre Existenz völlig ausblenden.

Nach ihrer Aussage setzte sie sich in die dritte Reihe zurück. Und spürte ein wenig Stolz, vor allem aber Erleichterung, die Aufgabe hinter sich gebracht zu haben. War es Einbildung, oder blickten ihre Nachbarn jetzt anders zu ihr herüber – mit Respekt?

Ihre Gedanken schweiften ab. Sie dachte an ihren Welpen, der sicher schon zu Hause auf sie wartete – ein braun-weißer Königspudel, quirlig, wild, mit mandelförmigen Augen und einem freundlichen, intelligenten Wesen. Stromian brachte sie zum Lachen und schenkte ihr diese bedingungslose, echte Freude, die nur Tiere geben können. Nach dem Überfall bei Reimann hatte sie ihn angeschafft, seitdem sie nicht mehr ruhig schlafen konnte und jeder Schatten sie zusammenzucken ließ. Gegen ihre Angst war er keine große Hilfe, zu verspielt, zu laut, zu ungestüm. Aber wenn er voller

Lebensfreude auf sie zustürmte, trat die Angst wenigstens für einen Moment zurück und erinnerte sie daran, dass es noch Wärme gab, ein Stück Normalität.

Ein leises Hüsteln, das Klappern von Stuhlbeinen – dann wurde der nächste Zeuge aufgerufen: der Kriminaltechniker der Berliner Polizei.

„Herr Müller, bitte treten Sie in den Zeugenstand. Wir sind gespannt, wie Ihre Einschätzung zur Rolle der involvierten Kunstexperten ausfällt", sagte Naumann im selben Tonfall, den sie schon kannte.

Der Mann, der sich erhob, wirkte schlicht und unscheinbar. In einem zu engen, abgetragenen Anzug trat er nach vorn. Seine unbeholfene Art und seine Bewegungen brachten einige im Saal zum verhaltenen Lachen.

„Meine Kollegen und ich sind nach umfassender Prüfung der Faktenlage zu dem Ergebnis gekommen, dass die Herren de la Faille und Meier-Graefe Echtheitszertifikate ausgestellt haben, ohne die Werke je im Original gesehen zu haben", begann Müller mit einem leichtem Zittern in der Stimme. Für einen Moment hielt der Saal den Atem an.

Grete empfand Mitleid. Der Mann war ebenso nervös, wie sie noch vor wenigen Minuten gewesen war.

„Die Leichtfertigkeit, mit der beide auftraten, hat uns irritiert. Statt Händler und Käufer mit fundierten Gutachten zu unterstützen, ließen sie Freunde ins offene Messer laufen."

Er hielt inne, holte tief Luft. „Dieses Verhalten lässt nur einen Schluss zu ..."

Müller zögerte, blickte sich um. Suchte er Bestätigung? Rückendeckung von Kollegen?

„... dass sie sich von hohen Honoraren blenden ließen und das lukrative Geschäft über alles stellten."

Grete verschränkte die Arme, lehnte sich zurück. Verärgerung stieg in ihr auf, Wut. Das passte ins Bild.

„Sie hielten sich für unfehlbar. Fotoabzüge, Beschreibungen, Quellenangaben – das genügte ihnen. Der direkte Blick aufs Original? Fehlanzeige. Das fanden sie wohl überflüssig. Sie glaubten, van Goghs Werk lückenlos zu kennen. Oder gaben es vor. Das Vertrauen in die eigene Urteilskraft wurde zur Lizenz zum Gelddrucken – und das nutzten sie schamlos aus."

Ein Raunen ging durch den Saal. Ungläubigkeit, Entrüstung. Grete verzog keine Miene, hörte nur weiter zu, wie Müller seine Ausführungen zu Ende brachte.

Als er den Saal verließ, sah sie ihm nach. Auch er wirkte erleichtert, vermutlich froh, den Raum verlassen zu können. Gefälligkeitsgutachten, resümierte sie. Profitgier als Antrieb. Aber warum hatten sie ihren Ruf derart aufs Spiel gesetzt? War es nur das Geld? Oder Geltungssucht?

Nun würden sie mit den Konsequenzen leben müssen, als unglaubwürdig abgestempelt, vor Gericht bloßgestellt.

Grete spürte ein schwer zu deutendes Gefühl in sich aufsteigen – war es Schadenfreude? Oder Genugtuung?

Sie bedauerte, die verbleibenden Tage des Prozesses nicht persönlich verfolgen zu können. Zu gern hätte sie die Entwicklungen aus nächster Nähe miterlebt, jedes Wort aufgesogen, jede Regung aufmerksam registriert. Doch die Abreise nach Amsterdam raubte ihr die Möglichkeit teilzuhaben. Die Vorbereitungen forderten ihre volle Aufmerksamkeit. Es gab eine Vielzahl organisatorischer und geschäftlicher Aspekte zu klären, um die geplante Dependance auf ein solides Fundament zu stellen.

In einer Zeit, in der jeder Schritt gut überlegt sein musste, konnte sie es sich schlicht nicht leisten, für die restlichen Sitzungstage abwesend zu sein. So sehr es sie schmerzte – die Prioritäten lagen nun auf der Zukunftssicherung des Kunstsalons, und das bedeutete, persönliche Interessen hintenanzustellen.

Nur das Urteil wollte sie auf keinen Fall verpassen. Das musste sie mit eigenen Ohren hören. Den letzten Akt dieses Dramas. Und dann, so schwor sie sich, würde sie gemeinsam mit Feilchenfeldt eine Flasche Champagner köpfen. Das kühle Glas, das Sprudeln, das Prickeln – allein der Gedanke daran ließ sie kurz innehalten. Eine Last würde von ihren Schultern fallen und ein neuer Abschnitt beginnen: leicht, unbeschwert, frei von Gewissensbissen und Zweifeln.

OTTO

Otto riss die Wohnungstür auf, schritt zielstrebig durch den Flur und warf sich ohne ein Wort der Ansprache in Erichs Arme. Mit einem leidenschaftlichen Kuss auf den Mund entlud sich sein Begehren. Er begann, ihn auszuziehen – erst das Hemd, dann das Unterhemd –, bis er schließlich in heruntergelassener Hose und lackierten Schuhen vor ihm stand. Fiebrig schälte er sich selbst aus der Kleidung, nahm Erich an der Hand und zog ihn mit sich fort. Sein Verlangen war unermesslich, sein Körper glühte, und klare Gedanken verschwanden in einem Wirbel aus Leidenschaft.

Im Schlafzimmer, direkt vor dem Bett, stieß er ihn mit einer herrischen Handbewegung auf die Matratze. Nach wenigen Minuten richtete sich Otto erleichtert wieder auf, befreit von dem inneren Druck. Erich hingegen blieb entspannt liegen, döste zugedeckt vor sich hin und hing Gedanken nach.

Otto lehnte sich gegen die Wand und zündete eine Zigarette an. Sein Herzschlag beschleunigte, als die Angst zurückkehrte – die Angst vor der morgigen Aussage vor Gericht, die er in Gedanken immer wieder durchspielte. Die Worte und der Ablauf mussten sitzen. Richter Naumann würde misstrauisch werden, wenn er ins Stocken geriet oder Fehler machte. Das durfte auf keinen Fall passieren. Er sackte in sich zusammen, schloss die Augen und spürte die Bitterkeit , die er lange fortgeschoben hatte und die ihn jetzt einholte.

Gedanklich kehrte er noch einmal in die Galerie zurück, deren prachtvolle Räume er nie wieder betreten würde. Gedemütigt, wie ein geschlagener Hund, hatte er sich gefühlt, als er dem Hausmeister am Morgen das klirrende Schlüsselbund übergeben hatte – ein Mann mit Doppelkinn und struppigen Brauen, der aussah, als sei er einer Zeichnung Heinrich Zilles entsprungen. Minuten zuvor war Otto durch die herrschaftlichen Räume geschritten, deren honigglänzendes Parkett bei jedem Schritt leise geknarrt hatte. Die hohen Decken und aufwendigen Stuckverzierungen hatten den Räumen stets ihren besonderen Charakter verliehen.

Am doppelflügeligen Fenster hatte er verweilt, den wolkenverhangenen Berliner Himmel betrachtet und mit den Fingern über die feine Holzvertäfelung gestrichen, bevor er die geschnitzte Eichentür hinter sich schloss. In den Wochen zuvor hatte er das Inventar verkauft und einige Mark für die Möbel bekommen – Geld, das er dringend gebraucht hatte. Das Putzen der Räume hatte er selbst übernommen. Danach blieb nur noch das Warten auf eine ungewisse Zukunft – ein Zustand, der ihm sein Versagen deutlich machte und ihn langsam in den Wahnsinn trieb: der geplatzte Lebenstraum von der eigenen Kunsthandlung, der finanzielle Misserfolg, die Erniedrigung und die wirtschaftlich Abhängigkeit von Erich, der ihn über Wasser hielt.

Plötzlich raschelte es neben ihm, die Decke lüftete sich, Erich setzte sich neben ihm auf, streichelte seine Schulter und flüsterte: „Hast du deine Aussage gut vorbereitet?"

Otto nickte, erleichtert darüber, Erich vor Tagen über das informiert zu haben, was in den nächsten Tagen in den Zeitungen stehen würde – über den Russen, den er nach einem Soloauftritt mit dem Blüthner Orchester in Zürich kennengelernt hatte, der ihn hinter der Bühne beglückwünscht und mit dem er vertraulich ins Gespräch gekommen war. Aus Sympathie war eine Geschäftsbeziehung entstanden, die schließlich in den Skandal gemündet hatte.

Es hatte ihn Überwindung gekostet, Erich die Geschichte glaubhaft zu machen. Eine Geschichte, die nicht stimmte, die seiner Fantasie entsprungen war, um ihn zu beruhigen und das Gefühl zu vermitteln, an seinen Geschäften teilzuhaben.

Er hatte Wutausbrüche befürchtet, Eifersuchtsszenen, tränenreiche Enttäuschung. Sogar der Gedanke, dass Erich ihn verlassen könnte, war kurz aufgeblitzt. Doch er hatte sich geirrt. Erich war geblieben – ein loyaler Gefährte, unbeirrt an seiner Seite, ohne Gezeter und Entrüstung.

In einem Anfall von Zärtlichkeit küsste Otto ihn jetzt auf die Wange und holte tief Luft: „Sei unbesorgt. Ich weiß genau, was ich dem Gericht erzählen werde."

Erich nickte. Nur ein leichtes Zucken um die Mundwinkel verriet unterschwelligen Kummer und die Angst vor Verlust, die durchaus begründet war.

Otto legte das Kopfkissen vor sich in den Schoß und faltete die Hände auf dem weichen Stoff, der in krassem Kontrast zum groben Wollmischgewebe einer Gefängnisdecke stand. Dann sah er Erich aufmerksam an, als müsse er sich sein Gesicht einprägen.

Dass dies vermutlich ihre letzten gemeinsamen Stunden in Freiheit waren, bevor er ins Gefängnis eingewiesen werden würde, war mehr als eine bloße Ahnung. Er musste sich der Realität stellen. Jeder Moment war kostbar, jeder Atemzug ein stilles Abschiednehmen - sofern nicht noch ein Wunder geschähe. Erich etwas vorzumachen, ihn anzulügen, lastete auf Otto wie ein unsichtbarer Mantel aus Blei. Obwohl es zu seinem Schutz geschah, ließ ihn das schlechte Gewissen nicht los. War er ein Heuchler, ein Schwindler, rücksichtslos und ohne Skrupel? Erich zu hintergehen und die Beziehung aufs Spiel zu setzen schmerzte ihn mehr, als er sich eingestehen wollte. Die Wahrheit drängte immer wieder nach oben. Nur mit Mühe hielt er sich zurück, um sich nicht zu verraten.

„Grete, ich habe etwas mitgebracht." Feilchenfeldt deutete mit leichtem Nicken auf die durchgeweichte Zeitung in seiner Hand.

Nass bis auf die Knochen stand er vor ihrem Schreibtisch und triumphierte. Draußen schüttete es wie aus Eimern. Sein Mantel klebte wie eine Zeltplane am Körper. Er zitterte leicht, seine Lippen waren violett verfärbt. Mit blaugefrorenen Händen legte Feilchenfeldt die durchnässte Zeitung vorsichtig auf den Tisch, zog den tropfenden Hut vom Kopf und legte ihn daneben.

Grete zog die Schreibtischschublade auf, entnahm ein kleines Handtuch, das sie dort verwahrte, und reichte es ihm.

Dankbar nickte er, presste den blütenweißen Stoff auf Gesicht und Stirn und wischte abschließend damit über den schweren Mantel.

Es war bereits später Mittag, und Grete hatte gespannt auf seine Rückkehr vom Gericht gewartet. Nun hing sie an seinen Lippen. „Du glaubst nicht, was Wacker heute vom Stapel gelassen hat", begann Feilchenfeldt, nachdem er den Mantel abgelegt und in einen van-de-Velde-Sessel gesunken war. „Naumann hatte ihn fast soweit – da brach etwas aus ihm heraus. In einem Redeschwall sprach er eine volle Stunde lang, ohne Punkt und Komma. Ich selbst absolvierte nur einen kurzen Gastauftritt, bestätigte deine Aussagen und versicherte unter Eid, den Angeklagten persönlich zu kennen. Nach dieser zehnminütigen Angelegenheit durfte ich zurück auf die Zuschauerbank. Wacker behauptet noch immer, die Bilder von einem in der Schweiz ansässigen Russen in Empfang genommen zu haben. In seiner neuesten Version spricht er jedoch von einem Adeligen aus der Zarenfamilie. Wenn sein Name an die Öffentlichkeit geriete, beteuerte er, bedeute das dessen sicheren Tod. Deshalb stehe er zu seinem Versprechen, ihn nicht zu enttarnen. Er warb um Verständnis für seinen Gewissenskonflikt. Unterlagen und Briefe, die den Kontakt belegen könnten, habe er zum Schutz seines Ehrenworts vernichtet. Er sprach von zwei vergeblichen Treffen mit seinem Auftraggeber und von einem Zwischenfall in Leiden. Dort, so behauptete er, habe man ihn vergiften wollen: Ein Konkurrent habe ihm eine rätselhafte Substanz ins Essen gemischt, die ihn am nächsten Morgen auf der Hoteltreppe zu Fall brachte. Gegen acht Uhr morgens habe man ihn ohnmächtig am Fuß der Treppe gefunden und ins Elisabeth-Krankenhaus gebracht, behauptete Wacker. Leider fehle ihm jegliche Erinnerung an den Sturz und das, was ihm davor widerfahren war."

Feilchenfeldt hielt inne. Dann strich er sich mit der Hand durch das feuchte Haar und fuhr fort: „Ehrlich gesagt, tat Wacker mir beinahe leid. Um seine Lage ist er wahrlich nicht zu beneiden. Er wirkt hilflos, ferngesteuert, als stünde er unter erheblichen Druck. Und die unlogischen Vorgänge, von denen er erzählt, machen ihn nicht gerade glaubwürdig."

Er kratzte sich am Hinterkopf, langsam, als suche er nach den richtigen Worten. Sein Blick glitt kurz zur Seite, dann wieder zurück: „Jedenfalls ...", er zögerte und schnaubte leise. „Er hat eine abenteuerliche Geschichte vorgetragen." Feilchenfeldt verzog das Gesicht, als schmecke ihm die Erinnerung nicht. „So weinerlich, so auf Mitleid aus, dass es kaum auszuhalten war. Ich kann mir beim besten Willen nicht vorstellen, dass er vor Gericht damit durchkommt."

Ein kurzer Moment der Stille. Feilchenfeldt zuckte mit den Schultern und sah Grete an. „Und immer wieder dasselbe: Er habe doch im besten Glauben gehandelt."

Er ließ den Satz in der Luft stehen und schüttelte kaum merklich den Kopf. „Bis heute will er nicht glauben – oder tut zumindest so –, dass ihm jemand Fälschungen untergeschoben haben könnte."

Feilchenfeldt brach ab und versank in Erinnerungen. „Kannst du dir die vielen Zuschauer vorstellen, die feixten und lachten?", fuhr er fort. „Sie nahmen ihm seine Märchen nicht ab. Selbst Landgerichtsrat Naumann wirkte erstaunt. Nach Wackers Ausführungen unterbrach er die Sitzung vorzeitig, damit, wie Naumann sich ausdrückte, der Sachverhalt geprüft und der Prozess nach dem Mittagessen frisch gestärkt fortgesetzt werden kann. Ich bin dann zurückgekommen und habe auf dem Weg hierher das *Kunstblatt* gekauft."

Feilchenfeldt drückte Grete das feuchte Handtuch in die Hand, griff nach der Zeitung, blätterte raschelnd durch die Seiten bis zur gesuchten Stelle und las vor: „Auf keinen Fall darf auf dem deutschen Kunsthandel das Odium lasten, ungestraft falsche Bilder verkaufen zu dürfen. Die Schuldigen im Fall Wacker müssen gefunden, verurteilt und bestraft werden. Käufern, denen durch gefälschte Expertisen Schaden entstanden ist, muss Gerechtigkeit widerfahren – andernfalls stehen der Kunststandort Deutschland und seine Glaubwürdigkeit auf dem Spiel."

Er verstummte, räusperte sich und legte die Zeitung beiseite. „Also nichts Neues", sagte er schließlich, sichtlich enttäuscht.

Grete nickte schweigend.

„Die Buschtrommeln haben mir zugetragen, dass der Umsatz auf dem Berliner Kunstmarkt seit Bekanntwerden der Fälschungen um vierzig Prozent eingebrochen sein soll. Wenn das stimmt – und daran bestehen kaum Zweifel –, braucht es dringend ein klares Urteil, um das entstandene Misstrauen zu vertreiben. Nur ein sauberer Prozessausgang kann den Schaden begrenzen", fügte sie schließlich an.

Feilchenfeldt sprang auf, griff mit spitzen Fingern seinen Mantel und schritt zur Tür.

Grete nahm das feuchte Handtuch vom Tisch und breitete es zum Trocknen über dem Papierkorb aus.

„Übrigens, wusstest du …", er blieb abrupt stehen und drehte sich noch einmal zu ihr um, „dass es Wacker gelungen ist, für dreiunddreißig Bilder sechzig Gutachten zu beschaffen? Dass er das Expertisieren gewissermaßen berufsmäßig betrieb und immer wieder neue Fachleute fand, um sie vor seinen Karren zu spannen? Das spricht für Selbstbewusstsein, findest du nicht?"

„Von wegen Selbstbewusstsein! Der Mann ist schlau und gerissen! Echtheitszertifikate honorierte er stets großzügig, das konnte nachgewiesen werden – doppelt so gut wie üblich in der Branche –, sodass er wohlwollende Beurteilungen geradezu provozierte. Vergiss nicht den finanziellen Aspekt bei der Angelegenheit."

Sie verschränkte die Arme, als müsse sie ihre Worte festhalten, damit sie nicht wieder verflogen. „Wer zahlt, bestimmt die Atmosphäre. Und in dieser Atmosphäre gedeiht nicht die Wahrheit, sondern das, was nützt."

Feilchenfeldt hob die Augenbrauen, einen Moment lang unschlüssig, ob er widersprechen sollte. „Aber sechzig Gutachten", murmelte er, fast ehrfürchtig. „Irgendwo muss doch jemand gewesen sein, der Zweifel hatte."

„Bestimmt", entgegnete Grete scharf. „Nur hört man von denen selten. Zweifel sind schlecht fürs Geschäft." Sie trat einen Schritt näher, senkte ihre Stimme, wurde eindringlicher. „Die wenigen, die sich querstellen, verschwinden zwischen all den wohlformulierten Bestätigungen. Am Ende zählt nicht, was stimmt, sondern was oft genug gesagt wird."

Er sah sie an, diesmal länger, als suche er in ihrem Gesicht nach einem Anhaltspunkt, der über das Gesagte hinausging. „Du meinst also, das System selbst lädt dazu ein?"

„Es belohnt es sogar", sagte sie knapp. „Und Wacker ist ein Meister darin, es zu nutzen."

Feilchenfeldt wandte den Blick ab, als hätte ihn ein Geräusch aus seinen Gedanken gerissen. „Dann ist es weniger eine Frage von Selbstbewusstsein", sagte er schließlich, „als von Kalkül."

„Richtig", erwiderte sie. „Oft verbirgt sich Kalkül hinter einer glaubwürdigen Fassade. Menschen sind für schnelles Geld empfänglich. Die Erstellung eines Gutachtens ist lukrativ, während dessen Wahrheitsgehalt nur schwer überprüft werden kann. So war es auch in diesem Fall: De la Faille und Meyer-Graefe waren stets großzügig in ihren Beurteilungen und haben möglicherweise nicht immer genau hingeschaut. Ob mit Vorsatz oder aus Gleichgültigkeit, werden wir wohl nie erfahren." Grete blickte zu Boden. Grimmig und angespannt ballte sie die Hand zur Faust.

„Unverzeihlich, dass wir dem arroganten Schönredner auf den Leim gegangen sind. Warum waren wir bloß so naiv? Dass wir den Provenienz-Nachweis nicht eingefordert haben, werde ich mir nie verzeihen."

Das nagende Schuldgefühl fraß sich wie ein Bandwurm durch ihre Gedanken. Mit einem wütenden Schlag auf den Tisch ließ sie all ihre Frustration heraus und sah Feilchenfeldt an. Ihr Blick war gleichermaßen verzweifelt wie anklagend. „Ich kann es nicht fassen ... Wieso waren wir nur so leichtsinnig? Wir hätten es besser wissen müssen!"

19. APRIL 1932

Am letzten Prozesstag drängte sich Grete mit klopfendem Herzen ein letztes Mal in den überfüllten, viel zu kleinen Gerichtssaal und nahm am Rand der vierten Reihe auf einem der wenigen freien Stühle Platz. Zum Glück war sie diesmal früh erschienen. Sie hatte sich im Griff, die Ängste unter Kontrolle. Sowohl das Publikum als auch die Presse erwarteten gespannt das für heute angekündigte Urteil im Fall Otto Wacker. Menschliche Ausdünstungen, verbrauchte Luft, Parfüm und Zigarettenrauch hatten sich zu einer eigenartigen Mischung vereint, die – in Fläschchen abgefüllt – als Sonderedition „Berliner Luft" wahrscheinlich reißenden Absatz gefunden hätte. „Darf ich die Anwesenden bitten, Platz zu nehmen? Die Verhandlung beginnt in Kürze", tönte ein uniformierter Saaldiener mit Schnauzbart, dessen Blick über die dicht besetzten Zuschauerreihen wanderte und auf einzelne Gesichter hüpfte.

Die Zeitungen hatten in den vergangenen Tagen auf das Prozessende hingewiesen, und so hatte sich eine Schar Schaulustiger eingefunden, von denen einige wegen Überfüllung abgewiesen wurden.

„Bitte verhalten Sie sich während der Verhandlung ruhig. Klatschen, Rufe und Lärm jeglicher Art sind untersagt. Im Zweifelsfall muss ich Sie des Saales verweisen", fügte der Saaldiener hinzu, während das Gemurmel der Menge allmählich verstummte.

Grete entdeckte, dass sie schräg hinter dem Fotografen Leo Rosenthal saß und auf dessen Nacken blickte. Sie drehte sich ein wenig, beobachtete ihn von der Seite und sah, wie er diskret eine Kamera unter seinem Mantel hervorholte und vorsichtig auf das hölzerne Klapptischchen vor sich stellte, um die bühnenartige Atmosphäre im gewaltigen Moabiter Gerichtsgebäude authentisch einzufangen. Rosenthal blickte einige Male durch seine runden Brillengläser nach vorne, als müsse er sich versichern, dass ihn keiner der gesetzestreuen Herren aus dem vorderen Teil des Saales beobachtete. Schließlich war das Fotografieren im Gerichtssaal offiziell verboten. Doch Grete wusste von Freunden, dass er dank seines Renommees inoffiziell geduldet wurde.

Rosenthal galt als Koryphäe seines Fachs, als lebende Legende, umrankt von zahllosen Anekdoten, die auf seine bewegte Vergangenheit als Strafverteidiger in Moskau zurückgingen, bevor er nach der Oktoberrevolution 1917 in den frühen Zwanzigerjahren nach Deutschland emigrierte. Nur hatte Rosenthal das Pech, dass sein Examen in Berlin nicht anerkannt worden war. Doch mit seinen Fähigkeiten und Erfahrungen hatte der selbstbewusste Jurist nicht lange gezögert, die Seiten zu wechseln – er machte es zu seiner neuen Profession, die Gerichtswelt mit der Kamera zu dokumentieren. Statt auf der Anklagebank saß er seitdem auf der Zuschauerseite und beobachtete die Auswüchse des Berliner Bürgertums, das durch Spekulationsfieber und Gründergeist ehrgeizige, skrupellose Unternehmer hervorgebracht hatte, deren Finanzkraft sowohl Kleinganoven als auch professionelle Betrüger anlockte.

Jetzt saß Rosenthal vor ihr auf der Holzbank. Grete sah von der Seite, wie er das Objektiv mit ruhiger Hand bewegte und immer wieder neu austarierte. Mal richtete er seinen Blick auf die Richterbank, dann auf die Zeugen und Sachverständigen, vor allem aber auf den Angeklagten.

Der vierunddreißigjährige Otto Wacker stand an diesem letzten Gerichtstag in maßgeschneiderten, rahmengenähten schwarzen Lederschuhen vom Typ Oxford sowie einem Zweireiher mit Krawatte und Einstecktuch mitten im Saal zwischen der ersten Zuschauerreihe und dem Richtertisch. Durch sein pomadig glänzendes, nach hinten frisierte schwarzes Haar und sein sorgfältig rasiertes Gesicht verkörperte er den Typus des eleganten Dandys. Der Mann hätte mit dieser Aufmachung auf eine Premierenfeier eines Theaters oder an den Roulette-Tisch im Casino gepasst, dachte Grete, die den Blick nicht von ihm wenden konnte.

Vermutlich mit wenig Erfolg bemühte sich der Fotograf, Gefühlsregungen einzufangen. Der Angeklagte verzog keine Miene, stand mit geradem, durchgestrecktem Rücken da, als hätte er einen Stock verschluckt, und hielt den Blick starr nach vorne gerichtet. Nur das Aufspringen eines Geschädigten, der unbeherrscht aus der dritten Reihe nach Entschädigung brüllte, brachte ihn dazu, sich kurz mit einem spöttisches Lächeln umzudrehen – soweit man seine Mundbewegungen deuten konnte.

Gretes Blick wanderte zum wiederholten Mal zu den Gemälden an der Wandleiste, die wie schweigende Beobachter den Prozess begleitet hatten, und sehnte das Ende herbei. Sie dachte über die Berichterstattung der Zeitungen nach. Über die Erkenntnis, dass sich der Wacker-Prozess zum Austragungsort unterschiedlicher Geschäftsinteressen entwickelt hatte, durch eine „Kamarilla deutscher Kunstgelehrter und Kunsthändler", wie die holländische Presse die Experten bezeichnete, die sowohl aus ehrenwerten Wahrheitsforschern als auch aus dauerredenden Geltungsneurotikern bestanden hatte, die es mit der Aufklärung um des guten Rufs willen nicht so genau nahmen.

Während des zweiwöchigen Prozesses mussten sich einige groteske Szenen abgespielt haben, wie sie aus der Berichterstattung des *Berliner Börsen-Couriers* erfahren hatte, den sie besonders schätzte. Grete hatte gelesen, dass Jacob-Baart de la Faille am vierten Prozesstag eine Rolle rückwärts gemacht und einen spektakulären Meinungswechsel vollzogen hatte.

In einer persönlich vor Gericht vorgetragenen Erklärung hatte der Jurist mitgeteilt, er halte fünf der zunächst für echt befundenen, dann von ihm als falsch bezeichneten Bilder nun doch wieder für echt. Der Kunstexperte behauptete, ihm habe es vor Prozessbeginn an der notwendigen Objektivität gemangelt, um sie als Originale einzustufen. Erst der tägliche Anblick im Gerichtssaal, vor den „wirklich gemeinen Fälschungen", wie er sich ausdrückte, habe ihm die Augen geöffnet und ihn in seiner Auffassung bestärkt, dass es sich doch um Originale handele. Auch Meier-Graefe, den Grete persönlich sehr schätzte, revidierte seine Meinung und gab an, einem

Irrglauben zum Opfer gefallen zu sein – allerdings in umgekehrter Weise als der Kollege de la Faille. Er bezeichnete jetzt acht Gemälde, für die er Echtheitszertifikate ausgefertigt hatte, als gefälscht und betonte, wie sehr ihn Wackers manipulative Art beeinflusst hätte und wie lange er von dessen Redlichkeit überzeugt gewesen sei.

Grete schreckte auf, als Richter Naumann mit dramatisch anschwellender Stimme das Ende des Gerichtsprozesses einleitete. Das hallende Timbre ließ die Köpfe der Anwesenden sich drehen, und für einen Moment schien die Luft stillzustehen.

„Es ist nicht Sache des Gerichts, den Nimbus des Expertenwesens zu lüften oder zu kritisieren", hörte sie ihn sagen. Grete spürte, wie ihr Herz schneller schlug. Sie zwang sich, ruhig zu bleiben, atmete tief ein und richtete ihre ganz Aufmerksamkeit darauf, das Schlussplädoyer auf keinen Fall zu verpassen. Jeder Muskel, jede Faser ihres Körpers war angespannt.

„Die Tatsache, dass bemalte Leinwandstücke als echte Gemälde van Goghs in den Handel gelangten, spricht Bände – und erklärt mehr als alle Worte aus den Mündern der angeblichen Experten", betonte er mit einem Seitenhieb auf Meier-Graefe und de la Faille. Vernichtend und ohne die beiden anzublicken, fügte Naumann hinzu: „Und deshalb, meine Herren, spielten Ihre unzuverlässigen Gutachten und Aussagen in der Urteilsfindung eine untergeordnete bis gar keine Rolle."

Stille breitete sich aus, als hielten die Anwesenden den Atem an. Betreten fixierten die Angesprochenen den Boden, als suchten sie nach verlorenen Schätzen. Spannung lag in der Luft, als Naumann sich zum Angeklagten drehte.

„Die Beweisaufnahme ist zur Überzeugung gekommen", sagte er überbetont deutlich und blickte aus seinen wasserblauen Augen in das Gesicht des Angeklagten, „dass Sie – entgegen Ihren Äußerungen – als Sohn des Kunstmalers Hans Wacker durchaus etwas davon verstehen, einen echten van Gogh zu verwerten. Durch Unterstützung der Galerien Matthiesen und Thannhauser wurde bekannt, dass Sie eine Anzahl von Gemälden ausliehen und wenig später an anderer Stelle Bilder mit verblüffend ähnlichen Motiven anboten. Dem Gericht konnten Sie die Herkunft dieser Werke bis heute nicht erklären. Wir sind jedoch in der Lage zu beweisen, dass Sie dreiunddreißig van-Gogh-ähnliche Bilder nach und nach in Umlauf brachten – mit Motiven, die mehrfach auftauchten. Eine Auswahl davon ist in diesem Raum zu sehen." Mit einer ausladenden Handbewegung wies Naumann in Richtung der Bilder. „Die wiederholte Darstellung bestimmter Motive macht es nahezu unmöglich, dass es sich um Originalwerke handelt. Es ist zudem höchst unwahrscheinlich, dass ein nur Ihnen bekannter russischer Besitzer eine ganze Reihe von Bildern mit identischen Motiven besessen und zeitgleich zum Verkauf angeboten haben sollte. Konkret handelt es sich um vier Selbstbildnisse, zwei Porträts derselben Person, vier Zypressenbilder, drei Bilder von ummauerten Feldern und dreimal Olivenbäume vor der Heimanstalt von Saint-Rémy-de-Provence. Jedes einzelne dieser Beispiele stützt unsere Überzeugung: Diese Werke sind Fälschungen."

Richter Naumann holte tief Luft, nahm ein Schriftstück in die Hand und hob es in die Luft. „Den endgültigen Beweis, dass diese Arbeiten keine Originale des großen Vincent van Gogh sein können, lieferten die Naturwissenschaften. Der Chemiker Dr. de Wild", Naumann deutete mit dem Kopf in Richtung der Sachverständigen, „kommt zu dem Schluss, dass den benutzten Ölfarben Kunstharz für einen schnellen Trocknungsprozess beigemischt wurde. Auch eine Reihe von vierundzwanzig Röntgenaufnahmen, die der Maler und Spezialist für Maltechnik Kurt Wehlte in unserem Auftrag angefertigt hat, belegen eklatante Abweichungen – sowohl in der Maltechnik als auch in der Strichführung. Diese Feststellungen lassen nur einen Schluss zu ..."

Naumann räusperte sich und fuhr ohne Eile fort, als genieße er es, sein Wissen der Welt zu offenbaren: „Nämlich, dass sie nicht auf der Staffelei Vincent van Goghs entstanden sein können. Darüber hinaus teilen wir Ihnen mit, dass sich keine Beweise für Ihre Angaben bei den Eidgenossen finden ließen. Zwar stellten die Ermittler fest, dass Sie sich im von Ihnen angegebenen Zeitraum in der Schweiz aufhielten, doch liegt uns ein Schreiben der Kantonspolizei Zürich vor, das Ihre Festnahme mit einer Begleitperson wegen Zechprellerei dokumentiert – und zusätzlich den Vorwurf der Spionage enthält. Wir können deshalb nicht glauben …" Naumann legte eine Pause ein, bevor er seinen Trumpf ausspielte: „… dass Sie sich zeitgleich an zwei verschiedenen Orten aufhielten – nämlich in Zürich und in Basel, wo Sie laut eigener Aussage auf ein Visum für Italien warteten. Kontoauszüge, Fahrscheine und Transportbelege, die Ihre Russengeschichte hätten untermauern können, tauchten an keiner Stelle auf."

Dem Angeklagten entglitten die Gesichtszüge. Grete sah, wie sein Kinn auf die Brust sank und der Körper kraftlos zusammensackte. Raunen schwappte durch den Raum wie eine angestaute Welle. Einige Zuschauer lachten verhalten, manche kicherten, einzelne tuschelten. Der Saaldiener stand auf und warf strenge Blicke in den Raum. Richter Naumann blieb ruhig, befeuchtete den rechten Zeigefinger mit Spucke und blätterte durch die Unterlagen, die vor ihm auf dem Tisch lagen.

„Belege, die Ihre Vergiftung in Holland bestätigen, fanden die Ermittler ebenfalls nicht", fuhr er mit durch den Saal schweifendem Blick fort. „Weder das von Ihnen genannte Hospital noch Ihre Wirtin oder andere Gäste des Hotels können sich an den von Ihnen geschilderten Vorfall erinnern. Auch Untersuchungsergebnisse von Urin- und Blutproben ließen sich im Krankenhaus nicht auffinden."

Naumanns Stimme brach ab. Seine Augen hefteten sich auf Wackers Gesicht, das die Farbe von Kalkstein angenommen hatte. In seinem geöffneten Mund waren Speichelfäden sichtbar, als hätte er sich nicht im Griff. Er winkte den uniformierten Saaldiener herbei.

Grete beobachtete, wie hinter vorgehaltener Hand getuschelt wurde, während der Saaldiener nach draußen verschwand und kurz darauf mit einem Wasserglas zurückkehrte, das er dem fahlen Angeklagten reichte. Als Wacker ausgetrunken hatte, bat der Saaldiener alle Anwesenden, sich für die Urteilsverkündung zu erheben.

Es war kurz vor zwölf Uhr. Grete blickte auf die Wanduhr hinter dem Richtertisch; sie hatte sich vorgenommen, sich diesen Moment fest einzuprägen.

„Im Namen des deutschen Volkes ergeht folgendes Urteil", verkündete Richter Naumann, die Hände vor dem Schritt gefaltet: „Der Tänzer Otto Wacker, geboren am 11. August 1898 in Düsseldorf, wird der Bilderfälschung sowie des Verkaufs von dreiunddreißig gefälschten Werken für schuldig befunden. Das Strafmaß wird auf ein Jahr und sieben Monate Haft festgesetzt. Zudem wird eine Geldstrafe in Höhe von dreißigtausend Mark verhängt. Ersatzweise sind dreihundert weitere Tage Freiheitsstrafe zu verbüßen."

Was Naumann danach noch sagte, ging in der Menge des johlenden und aufgeregt schwatzenden Publikums unter. Eine Woge der Erlösung durchflutete Grete, und sie sank tief in die Bank zurück. Das Urteil war gesprochen, der Prozess in diesem Moment zum Abschluss gekommen.

Wie eine langsame Filmsequenz spielte sich in ihrem Kopf noch einmal die erste Begegnung mit dem Verurteilten ab. Jetzt stand er in Handschellen vor der Richterbank, den Kopf gesenkt und wartete auf seinen Abtransport. Fünf Jahre lag der überfallartige Besuch zurück – der Auftakt zu langwierigen und kräftezehrenden Turbulenzen, die Grete viele schlaflose Nächte und Nerven gekostet hatten.

Sie schüttelte beschämt den Kopf und bereute, der Verlockung des damals in Aussicht gestellten Geschäfts nicht widerstanden zu haben.

Langsam erhob sie sich. Der Saal leerte sich, das Gemurmel verklang. Mit ruhigen Bewegungen zog sie ihren Wollmantel an und streifte die Ziegenlederhandschuhe über. Ihr letzter Blick galt Otto Wacker, der von zwei Uniformierten abgeführt wurde, die Hände auf dem Rücken verschränkt, den Kopf gesenkt. Ob er Reue empfand? Grete ließ den Gedanken fallen.

Hatte sie Zweifel an seiner Täterschaft? Nein. Das beklemmende Gefühl, das sie während der Verhandlung begleitet hatte, war verflogen, aufgelöst durch sein stoisches, selbstsicheres Auftreten – und doch blieb ein leises, nachklingendes Unbehagen zurück.

Grete stieg die breiten Marmorstufen hinab, jede Stufe ein Schritt zurück ins eigene Leben. Am Rande nahm sie wahr, wie Rosenthal einem Boten Filmrollen übergab, registrierte es nur, wie man etwas Unwichtiges zur Kenntnis nimmt.

Im Bewusstsein, dies zum letzten Mal zu tun, durchquerte sie das Foyer und stieß die schwere, gedrechselte Eichenholztür des Justizgebäudes auf. Waage, Füllhorn, Ölzweig, Justitia – Symbole einer Gerechtigkeit, an deren Vollkommenheit sie nur bedingt glaubte.Ein kühler Luftzug empfing sie, strich über ihr Gesicht und spielte mit einer Haarsträhne. Sie schloss die Augen, atmete tief durch und genoss eine Welle von Erleichterung und Glück. Die Luft schmeckte nach Freiheit – und nach Zukunft. Dann lächelte sie. Und trat hinaus.

26. APRIL 1932

Sechs Tage nach Prozessende stand Grete, in ein schlichtes Reisekleid aus sandfarbener Popeline und eine passende Spencerjacke gekleidet, am Zeitungsstand des Lehrter Bahnhofs und musterte die reiche Auswahl an Tages- und Wochenzeitungen, Illustrierten und Klatschblättern – ein Spiegelbild der aufgeregten Öffentlichkeit.

Sie war zu früh am Bahnhof erschienen. Mit der Reisetasche in der Hand wartete sie auf Feilchenfeldt, um gemeinsam mit ihm von Gleis zwei nach Amsterdam aufzubrechen.

Plötzlich musste sie an Stromian denken – fast schmerzlich. Sie vermisste ihren Hund schon jetzt, obwohl sie ihn erst vor wenigen Stunden bei Freunden zurückgelassen hatte. In den letzten Wochen war er ihr ans Herz gewachsen: ein stiller Gefährte, zuweilen ein Trostspender ohne Worte mit Blicken verständiger als die mancher Mensch und einer Nähe, die beruhigte, ohne etwas zu fordern. Seine Abwesenheit würde sich wie ein Schatten über die kommenden Tage legen – nur die Aussicht auf das Wiedersehen schenkte ihr einen kleinen Lichtblick und sorgte für ein flüchtiges Lächeln in ihrem Gesicht.

Ihre Augen wanderten über fette Schlagzeilen, reißerische Bildunterschriften und aufdringliche Fotomontagen – bis sie schließlich an der *Weltbühne* hängenblieben. Neugierig stellte sie die Tasche ab und griff nach einem Exemplar. Ein Kunstsachverständiger mit dem hochtrabenden Titel Geheimrat Professor Dr. Kaspar Hauser wurde darin angepriesen. Er hatte einen Beitrag zum Wackerprozess verfasst.

Ein leises Schmunzeln umspielte ihre Lippen. Tucholskys Arbeit für die *Weltbühne* war ihr wohlbekannt, ebenso seine spitze Feder und seine Neigung zu Tarnnamen. Kaspar Hauser – ein neues Pseudonym, um den Behörden zu entkommen?, dachte sie belustigt und ließ den Blick noch einmal über die Zeilen gleiten, als erwarte sie, zwischen ihnen die vertraute Handschrift zu entdecken.

Ohne zu zögern, trat sie an die Kasse, zahlte und steckte die Zeitschrift ein. Dann setzte sie sich auf eine der harten Holzbänke. Den Blick nach vorn gerichtet, um Feilchenfeldt nicht zu verpassen, wirkte sie nach außen ruhig – doch in ihr arbeiteten die Gedanken wie aufgescheuchte Vögel, die gegen unsichtbare Wände flatterten, rastlos und suchend.

Sie war keine Frau, die den Kopf in den Sand steckte und in Passivität verharrte. Ihr Kampfgeist war erwacht, der Wille, einen eigenen Weg zu finden, um der Situation zu entfliehen und sich den immer enger werdenden Verhältnissen zu entziehen.

Von Ungeduld getrieben, scharrte sie mit den Füßen über das Pflaster und blickte sich suchend um. Feilchenfeldt war nicht in Sicht. Erinnerungsblasen stiegen auf, wirbelten durch ihren Kopf und zerplatzten zu Bilderfetzen jenes Septemberabends, der sie wie eine Brandmarke gezeichnet hatte. Seitdem lebte sie in ständiger Alarmbereitschaft. Ängstlich und angespannt, als stünde der nächste Angriff unmittelbar bevor. Und immer wieder schob sich die gleiche Szene auf ihre Pupille – scharf, detailreich und erschreckend real, als wäre es erst gestern geschehen. Noch vor wenigen Monaten hätte sie nie geglaubt, dass so etwas überhaupt möglich war. Und doch – es war genau dieser eine Moment gewesen, der ihr Leben unumkehrbar aus der Bahn geworfen hatte. Er war der Wendepunkt. Der Grund, warum sie sich heute hier am Bahnhof befand, mit klopfendem Herzen, bereit, in den Zug zu steigen und ein neues Lebenskapitel aufzuschlagen. Alles Vertraute zurückzulassen und anderswo neu anzufangen.

Rückblickend erschien es fast, als sei alles unausweichlich gewesen. Die Zeichen waren da gewesen – sie hatte sie nur zu lange übersehen. War das nicht ein schwerhöriger, älterer Herr im makellos sitzenden Zweireiher gewesen, der halblaut von „jüdischen Bazillen" und „Viren" geraunt hatte, als er vor einem hochpreisigen Gemälde bei Cassirer stand und sich unbeobachtet glaubte? Und jene elegante Dame im bunt getupften Seidenkrepp, die bei einer

Auktion leer ausgegangen war – hatte sie nicht, kaum dass der Hammer gefallen war, ein zischendes „Judenpack!" ausgestoßen, ehe sie wutschnaubend aus dem Saal stürmte, die Tür mit voller Wucht hinter sich ins Schloss warf und noch von „Eigennutz" und „Geldgier" giftete?

Grete, die solche Ausbrüche lange als Entgleisungen Einzelner abgetan hatte, sah sie mittlerweile mit anderen Augen – seit jenem verstörenden Spätsommerabend. Sie wirkten wie dunkle Vorboten, giftige Rauchzeichen in einer Atmosphäre, die sich zusehends verdunkelte. Was eben noch wie leeres Gerede geklungen hatte, war nun messerscharf – Worte wie Pfeile, direkt auf sie gerichtet, unmissverständlich und verletzend.

Etwas war zerbrochen. Ihre heile Welt, einst fest verankert, war aus den Fugen geraten – und nichts, wirklich nichts, ließ sich mehr geradebiegen. Der Alltag, einst von Verlässlichkeit getragen, war ihr fremd geworden. Angst und Unsicherheit begleiteten sie nun, lauernd, unberechenbar.

Und da war noch etwas. Etwas Neues. Die frühere Bereitschaft, Sticheleien schweigend zu überhören, spitze Bemerkungen wegzulächeln, war einer unbeirrbaren Auflehnung gewichen. In ihr wuchs Widerstand, noch unsichtbar, doch unaufhaltsam. Kämpferisch. Rebellisch. Sie war nicht länger bereit, den Mund zu halten und ihr Schicksal stumm zu ertragen.

Grete erschrak, als jemand ihre Schulter berührte. Feilchenfeldt stand vor ihr und grinste. Mit einer beiläufigen Geste forderte er sie auf, ihm zu folgen und gemeinsam mit ihm die Reise anzutreten.

Zwei Stunden später, Nähe Magdeburg , zog sie die *Weltbühne* aus der Reisetasche, blätterte durch die Seiten und kündigte augenzwinkernd an: „Aufgepasst: Ich lese Tucholskys Kommentar zur Wacker Affäre vor." Feilchenfeld, mit geschlossenen Augen auf der dunkelroten Sitzbank ihr gegenüber, streckte seine müden Glieder und bekundete durch leichtes Nicken Interesse an Dr. Hausers zynischer Expertise.

„Die mir vorgelegten Bilder sind zweifellos Original-Imitationen echter Fälschungen von van Gogh beziehungsweise seiner Frau. (...) Bereits die Prüfung der Fingerabdrücke aller Kunstsachverständigen ergibt, dass keiner von diesen Herren vorbestraft ist. Die Prüfung der Fälschungen durch das Mailänder Blindenheim hat zu überraschenden Ergebnissen geführt: Die Expertisen stimmen genau mit denen der hier geladenen Sachverständigen überein. Infolgedessen sind die Bilder echt. (...) Denn Kritik und Expertise, Sachverständigentum und wahre Sammlerleidenschaft – sie alle hören nur auf eines: auf die Stimme des Herzens, den Kunsthändler und das Gemurmel einer Museumskantine. Und das ist auch alles richtig so. Denn wenn man nicht weiß, was ein Bild kostet: Wie kann man dann wissen, was ein Bild wert ist?"

Grete ließ die Zeitung in den Schoß sinken und betrachtete ihren Compagnon, dessen Gesicht von Sonnenlicht durch das Abteilfenster beschienen wurde. Sie schloss kurz die Augen. Dann blinzelte sie. Für einen flüchtigen Augenblick ließ sein Anblick sie an jenen Wintermorgen erinnern, als Otto Wacker zitternd vor dem Panoramafenster der Kunsthandlung stand, das Gesicht vom Feiern gezeichnet, die Schminke verschmiert, die Spuren des Nachtlebens noch frisch. Er hatte an die Scheibe geklopft, um Einlass gebeten. Damit hatte alles begonnen ...

Der Zug ruckelte gleichmäßig vor sich hin, und die Wärme des Abteils hüllte sie in einen beruhigenden Kokon. Grete genoss die Vertrautheit zwischen ihnen – ein stilles Einverständnis, das keiner Worte bedurfte. Mit Feilchenfeldt an ihrer Seite fühlte sie sich gerüstet. Seine Erfahrung, seine Gelassenheit und sein diplomatisches Geschick gaben ihr Zuversicht, auch die nächsten Schritte zu meistern.

Und auch Stromian wäre dabei, sollte sie wirklich umziehen. Sie würde ihn mitnehmen – seinen beruhigende Präsenz, die stille Nähe, die Trost spendete, ohne zu fordern.

Während sie aus dem Fenster in die Landschaft blickte, begriff sie, dass sich etwas in ihr verändert hatte. Die lebenslustige, gesellige Seite in ihr war in den Hintergrund gerückt und hatte einer neuen Klarheit Platz gemacht – einer Ernsthaftigkeit, die aus Verantwortung geboren war, nicht aus Resignation.

Für einen Moment flackerte die Erinnerung an ihre frühere Leichtigkeit auf: das Lachen, die Abende mit Freunden, das befreiende Gefühl, einmal nichts denken zu müssen. Sie atmete tief ein. Es war vorbei – und sie würde lernen müssen, damit zu leben. Die letzten Wochen waren grau, die Gesichter ernst gewesen. Vor ihr lag Amsterdam wie eine verschlossene Tür. Doch Türen ließen sich öffnen. Und sie hatte noch einen Notfallplan – vage, aber tröstlich: Großbritannien, falls alles scheitern sollte. Dort warteten vertraute Stimmen, alte Weggefährten. Ein anderer Anfang, vielleicht.

War es Hoffnung, die sie trug? Oder einfach der Drang weiterzugehen? Es fühlte sich nicht wie Flucht an, sondern wie Bewegung – leise, aber zielgerichtet.

Bevor sie den rhythmischen Bewegungen der Eisenbahn erlag, dachte sie wehmütig an ihren Vater. Käme er ohne sie zurecht? Wann würde sie ihn wiedersehen?

Ihre Gedanken glitten weiter zu dem liebgewonnenen Hexenhaus, jenem Zwischenreich aus Schrebergarten- und Landsitzidylle in Sacrow, in dem sie sich geborgen fühlte. Würde sie es aufgeben müssen?

Während draußen die Felder und Wälder vorüberzogen und sie in sanften Schlaf versank, spürte sie im Schweben zwischen Wachen und Träumen nicht nur den dumpfen Schmerz des Abschieds, sondern auch das kaum greifbare Versprechen eines Neubeginns. Was mochte sie erwarten, jenseits des Vertrauten, in der ungewissen Fremde?

EPILOG

Mrs. Grete Ring
Granville Place 64
Marleybone, London – England

Ostberlin, 18. Mai 1951

Sehr geehrte Frau Dr. Ring,

vermutlich überrascht es Sie, von mir zu hören. Ich darf Ihnen versichern, dass es mir alles andere als leichtfällt, mich nach all den Jahren an Sie zu wenden.

Darf ich daran erinnern: Zwanzig Jahre sind seit dem Ende des Prozesses vergangen – zwanzig Jahre mit Krieg und Frieden, mit Höhen und Tiefen im Privat- wie im Berufsleben. In all dieser Zeit habe ich nie vergessen, wie fassungslos Sie den Skandal um die falschen Van-Gogh-Bilder vor Gericht verfolgt haben – Ihr Unverständnis und Ihre Enttäuschung. Doch glauben Sie mir: Zum damaligen Zeitpunkt war es mir nicht möglich, Ihnen in die Augen zu sehen und den Sachverhalt zu erklären. Zu groß war die Scham darüber, Ihre Arglosigkeit für meine Zwecke missbraucht zu haben.

Heute jedoch nehme ich all meinen Mut zusammen. Es ist an der Zeit, den wahren Sachverhalt offenzulegen – jenen dunklen Kern, der seither wie eine eiternde Wunde in mir schwelt. Mehr als jeder andere haben Sie ein Recht darauf zu erfahren, was damals wirklich geschah – und warum ich damals schwieg, statt die Wahrheit auszusprechen.

Dürfte ich Sie um eine kleine Gefälligkeit bitten? Ich wäre Ihnen sehr verbunden, wenn Sie meine Ausführungen vertraulich behandeln würden. Nichts liegt mir ferner, als erneut ins Licht der Öffentlichkeit zu treten – oder gar in den Fokus der Justiz zu geraten. Gnade oder Strafmilderung wurden mir nicht zuteil; ich habe meine Strafe bis zum letzten Tag in Tegel verbüßt und wurde entlassen – pünktlich, nicht vorzeitig. Doch keine Sorge: Nach anfänglicher Depression nach der Haft und Sinnsuche stehe ich heute wieder fest im Leben und arbeite zufrieden in meinem alten Beruf als Tanzpädagoge. Die Schlammschlacht um meine Person liegt lange zurück. Selten quälen mich noch Alpträume und Erinnerungen an diese Zeit. Nur mein Gewissen nagt an mir, und das Bedürfnis, die Wahrheit ans Licht zu bringen, ist über die Jahre immer drängender geworden.

Nun komme ich zum eigentlichen Anliegen meines Schreibens, das Sie sicherlich interessieren wird: Ich bin damals zu Unrecht verurteilt worden. Ich war nicht verantwortlich für die Produktion der gefälschten Van-Gogh-Bilder – ich bin weder der Fälscher noch der Auftraggeber. Gleichwohl bin ich nicht frei von Schuld. Mein Vergehen liegt im Verkauf der Fälschungen, wohl wissend, dass die Bilder nicht von holländischen Meistern stammten, sondern von meinem Bruder. Darauf bin ich nicht stolz, glauben Sie mir, doch damals gab es keinen anderen Ausweg, als alle Schuld auf mich zu nehmen.

Was Sie nicht wissen können: Ich hatte einen jüngeren Bruder, Bernhard, der schon in jungen Jahren an einer schweren Persönlichkeitsstörung litt. Ein Verbleib im Elternhaus war bald nicht mehr möglich – sein unberechenbares, mitunter aggressives Verhalten machte ein geordnetes Zusammenleben unmöglich. Doch eine Einweisung in eine Anstalt kam für unsere Familie nicht infrage; der Gedanke daran war unerträglich. Bernhard verfügte über eine ausgeprägte künstlerische Begabung, ähnlich der unseres Vaters und unseres Bruders Leonhard. Wenn man ihn in Ruhe arbeiten ließ, versank Bernhard in eine andere Welt – eine Welt voller Kreativität und Zuversicht.

Mit siebzehn Jahren ergab sich die Möglichkeit, Bernhard bei einer Bekannten auf der Nordseeinsel Sylt unterzubringen – einer Witwe von selbstloser Natur, die sich der Unterstützung Bedürftiger verschrieben hatte. Dort lebte er still, versorgt und betreut, und er wurde ermutigt, sein Maltalent auszubauen. Auf Anregung seiner Wirtin begann er, Werke großer Meister zu kopieren – und er tat es mit solcher Hingabe und Präzision, dass bald eigene Bilder entstanden, kaum zu unterscheiden vom Original. Die Idee, sein außergewöhnliches Können mit dem Nützlichen zu verbinden, lag nahe – irgendwie musste er ja seinen Lebensunterhalt bestreiten. Unsere Familie war groß, die Mittel waren bescheiden, das Geld war immer ein wenig zu knapp.

Was zunächst als Nebeneinnahme auf den Märkten Sylts begann, wurde rasch zu einer sprudelnden Geldquelle. Seine Bilder waren gut und wurden stetig besser. Besonders van Gogh, dessen Werk er bewunderte, kopierte er leidenschaftlich. Besessen, fast wie der holländische Meister selbst, produzierte er eine Vielzahl täuschend echter Bilder, die sofort meine Aufmerksamkeit erregten. Bei einem Besuch auf der Insel ermunterte ich ihn, mir einige seiner Arbeiten zu überlassen. Damit nahm das Unglück seinen Lauf.

Sie können sich sicher vorstellen: Ich erlag der Versuchung, die Bilder in Berlin zu verkaufen. Anfangs bot ich ängstlich kleinere Ölgemälde im Bekanntenkreis an. Ermuntert durch die Arglosigkeit der Käufer, die ohne Nachfrage Blumenwiesen oder Wassermühlen kauften, erweiterte ich den Vertrieb. Ich begann, meinen Bruder alle paar Monate systematisch zu besuchen, um neue Ware zu erhalten. Und manches Mal brachte ich ihm Vorlagen mit. Der Rest ist Ihnen bekannt.

Zu meinem Erstaunen kam mir lange niemand auf die Schliche. Mein Selbstvertrauen wuchs – und mit ihm ein Teufelskreis, aus dem ich damals keinen Ausweg fand. Der Erfolg ließ alle Schuldgefühle verstummen. Die Lügengeschichte über die Herkunft der Bilder, die angeblich von einem russischen Sammler stammten, hatte ich selbst in Umlauf gebracht – und rechtfertigte sie vor mir selbst mit der finanziellen Unterstützung, die ich durch die Verkäufe meiner Familie und Bernhard zukommen ließ. Dass ich mir damit zugleich den Traum einer eigenen Galerie erfüllte, war ein willkommener Nebeneffekt.

Kurz nach meiner Haftentlassung erkrankte Bernhard schwer. Es war jene Zeit, in der perfide Ideen zur „Reinigung“ der arischen Rasse in Umlauf kamen. Wir fürchteten, unser Bruder könnte dem grausamen Gnadentodprogramm Hitlers zum Opfer fallen, sollte sein Zustand öffentlich werden. Doch unsere Befürchtungen erledigten sich auf tragische Weise von allein.

Im Jahr des Kriegsbeginn starb Bernhard auf Sylt im Hause seiner Vermieterin an den Folgen seiner Krankheit. Mein Vater, meine Geschwister und ich beerdigten ihn still und anonym. Danach vernichteten wir alle Spuren seines Daseins. Seine Werke wurden innerhalb der Familie verschenkt oder an enge Freunde gegeben. Danach schien es, als hätte er nie gelebt; seine Existenz wurde ausgelöscht. Nur in unseren Herzen und in unserer Erinnerung lebt er fort.

Das Urteil und meine Haftstrafe nahm ich schweren Herzens in Kauf, um das Familiengeheimnis zu wahren. Schließlich war ich nicht unschuldig an der Situation, und mich belasteten schwere Schuldgefühle. Bitte glauben Sie mir, kaum ein Tag vergeht, an dem ich nicht an meinen verstorbenen Bruder und sein Schicksal denke.

Nun ist es raus. Erleichtert schließe ich meine Ausführungen, mit der Bitte um Verständnis für die verzwickte Lage, in der ich mich damals befand, und hoffe, dass diese Zeilen mein damaliges Verhalten in einem milderen Licht erscheinen lassen.

Da wir uns wohl in diesem Leben nicht mehr persönlich begegnen werden, versichere ich Ihnen auf diesem Wege meine höchste Wertschätzung und sende Ihnen aus dem Ostteil Ihrer Geburtsstadt herzliche Grüße in die englische Metropole.

In ehrerbietiger Hochachtung
Ihr Otto Wacker

ANMERKUNG DER AUTORIN

Der Roman basiert auf wahren Ereignissen und realen Personen. Dennoch wurden Eigenschaften, Situationen und Abläufe frei interpretiert und literarisch ausgestaltet. Abweichungen, Ergänzungen und erfundene Elemente dienen der künsterischen Freiheit und erheben keinen Anspruch auf historische Genauigkeit.

LITERATURHINWEISE

Die folgenden Publikationen dienten mir als Grundlage und lieferten wertvolle Fakten, Details und Hinweise:

Koldehoff, Stefan: *Van Gogh. Mythos und Wirklichkeit*. Köln, 2003.
Koldehoff, Stefan: *Ich und Van Gogh. Bilder, Sammler und ihre abenteuerlichen Geschichten*. Berlin, 2015.
Koldehoff, Nora, und Stefan: *Otto Wackers Aufstieg und Fall.* Wädenswil, 2019.
Partsch, Susanne: *Tatort Kunst. Über Fälschungen, Betrüger und Betrogene*. München, 2010.
Hilzinger, Sonja: *Grete Ring – Kunstgelehrte und Kunsthändlerin. Eine Biografie*. Berlin, 2025.
Wasensteiner, Lucy, und Krieger, Victoria (Hrsg.): *Grete Ring. Kunsthändlerin der Moderne*. Ausstellungskatalog der Liebermann Villa am Wannsee. Berlin, 2024.

DANK DER AUTORIN

Ein besonderer Dank gilt meiner Mutter und meinem Mann, die die Entstehung meines ersten Romans über Jahre hinweg mit großer Geduld begleitet haben.
Mein herzlicher Dank gilt außerdem meiner engagierten Verlegerin Regelindis Westphal und meiner Lektorin Georgia Rauer für ihre wertvolle Unterstützung.
Ebenso danke ich meiner „Schreibfreundin“ Alexandra Cedrino-Nahrstedt für ihre Ermutigung und ihr offenes Ohr.

NICOLE BRÖHAN

wurde in Hamburg geboren und wuchs in Berlin in einem inspirierenden, kulturell geprägten Umfeld auf, das von Bildern und kunsthandwerklichen Objekten bestimmt war – einer Sammlung, die den Grundstock für das Privatmuseum ihres Vaters bildete, das heute als Bröhan-Museum bekannt ist.
Nach ihrer Ausbildung zur Buchhändlerin und Antiquarin vertiefte sie ihr Interesse an Literatur und Kunst durch ein Studium der Kunstgeschichte, Nordamerikastudien und Germanistik in Mainz und Berlin.
Sie arbeitete zunächst in Verlagen sowie in der Presse- und Öffentlichkeitsarbeit im In- und Ausland. Neben dem Betrieb eines Museumsshops und der Produktentwicklung schrieb sie zugleich als freie Autorin. Aus anfänglich kurzen Beiträgen entwickelte sich im Laufe der Zeit eine umfangreiche publizistische Tätigkeit.
2002 erschien ihre viel beachtete Biografie über Max Liebermann.
Es folgten weitere Biografien und kulturhistorische Sachbücher, die ihren Ruf als präzise und kenntnisreiche Autorin festigten.
Ihr Interesse an Grete Ring und der Otto-Wacker-Affäre entstand vor Jahren bei Recherchen zu einem Buch über Schweizer Kunstsammler. Die Entdeckung der heute weitgehend unbekannten Kunsthändlerin Grete Ring inspirierte sie dazu, sie als Hauptperson eines Romans aus dem Schatten der Vergessenheit zurück ins Licht der Öffentlichkeit zu holen.

www.nicolebroehan.de

Bildnachweis:
Umschlagmotiv Leonhard Wacker, *Schnitter im Kornfeld* (in der Manier von Vincent van Gogh), um 1928. © Staatliche Museen zu Berlin, Nationalgalerie / Andres Kilger, Public Domain Mark 1.0
Seite 136 und 168 Prozess in Berlin gegen Otto Wacker wegen Fälschung von Gemälden von Vincent van Gogh, 1932.
© ullstein bild

Lektorat: Georgia Rauer
Gestaltung: Regelindis Westphal
Technische Umsetzung / Bildbearbeitung: Norbert Lauterbach
Druck: Druckerei ADverts, Dzelzavas Str. 124, Riga, LV-1021, Lettland
www.adverts.lvv

Verlag: edition frölich, Eberbacher Str. 4, 14197 Berlin
www. editionfroelich.de

ISBN 978-3-911192-17-0